W9-BXY-814

¿Cómo se deletrea Dios?

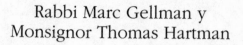

Rabbi Marc Gellman y
Monsignor Thomas Hartman

¿Cómo se deletrea Dios?

Las grandes preguntas y las respuestas de las religiones

Con un prólogo del
Dalai Lama

Traducido del inglés por
Angel J. Martín

Lóguez Lector Joven

Título del original inglés:
How do you spell God?

Para Herman y Sheila Hartman, así como
para Sol y Rosalie Gellman, que nos enseñaron
a hacernos las preguntas correctas y a esperar
las respuestas correctas.

2.ª edición: Abril 2006

© by Marc Gellman and Thomas Hartman
© Prólogo: by His Holiness The Dalai Lama
First published in the United States by Morrow Junior Books,
1995
© Para España y el español:
Lóguez Ediciones. Ctra. de Madrid, 90. Tfn. (923) 13 85 41
37900 Santa Marta de Tormes (Salamanca)
ISBN: 84-85334-98-1
Depósito legal: S. 360-2006
Printed in Spain
Imprime: Gráficas Varona, S. A.

Contenido

Prólogo

Todas las religiones del mundo se parecen porque nos ayudan a ser mejores personas. Desde hace siglos, millones de personas encuentran la paz de espíritu en sus correspondientes religiones. Hoy, nos encontramos en todo el mundo seguidores de numerosas tendencias religiosas, para los que el bienestar de otras personas les resulta más importante que el suyo propio. Yo creo que ese deseo de contribuir a la felicidad de otros es la meta más importante de todas las religiones.

Naturalmente que las personas persiguen distintos intereses, por lo que no es extraño que haya tantas religiones diferentes y se diferencien en su forma de pensar y de actuar. Pero es esa variedad la que posibilita el que todos sean felices. Con una gran variedad de alimentos podemos satisfacer los diversos gustos y necesidades de las personas. Si solamente tuviéramos pan, olvidaríamos a todos aquellos que se alimentan con arroz. Y el motivo de que esa gente coma arroz es porque el arroz se da mejor allí donde viven.

Como quiera que el núcleo determinante de las distintas religiones está en prestar ayuda, tenemos que preocuparnos por la paz y el respeto mutuo entre las religiones. Esto ayuda no sólo a los seguidores de las distintas religiones, sino que contribuye

9

a la paz en nuestra vecindad y en nuestro país. Para conseguir esto, tenemos que aprender a conocer las diferentes religiones del mundo. Por eso, me siento muy feliz de que mi amigo el rabino Marc Gellman y Monseñor Thomas Hartman hayan escrito este libro, que explica de forma comprensible y clara las religiones de este mundo.

Nuestra pertenencia a una determinada religión depende, por lo general, del hogar de nuestros padres y del país donde hemos nacido y crecido. Pienso que debería mantenerse así. Pero cuanto más sabemos los unos de los otros, más podemos aprender los unos de los otros y más fácil nos resultará el respeto y la tolerancia en nuestra propia vida y en nuestros comportamientos. Esto bien seguro que nos ayuda a fortalecer la paz y la amistad en todo el mundo, lo que constituye una de las metas de todas las grandes religiones.

Su Santidad el Dalai Lama

¡Cuidado!

Algunos apartados de este libro son muy serios, otros, por el contrario, han sido percibidos por expertos independientes como graciosos.

Nosotros no sabemos exactamente por qué es así, pero cuando lo descubrimos decidimos advertir inmediatamente al lector al comienzo del libro. Así que el que pertenezca a las personas que creen que la religión no puede ser *jamás* graciosa, sino que nos debe hacer llorar y ponernos tristes, de ninguna manera hacernos reír, para él, pues, este libro no es el correcto.

Si alguien, con la lectura del libro descubre cosas que le parecen irrespetuosas o desagradablemente graciosas, lo lamentamos profundamente. Nosotros sólo queríamos que las personas recorrieran con alegría el camino hacia el bien y hacia Dios.

¡La bendición de Dios!

Rabino Marc Gellman y Monseñor Tom Hartman

1

¿Qué es una religión?

Una religión es un montón de importantes respuestas a preguntas verdaderamente grandes. Nadie se interesa por las religiones porque existan. Nos interesamos por ellas porque queremos recibir respuestas a las preguntas importantes —¡De locura!—, después queremos saber más sobre ellas. Hay, sin embargo, preguntas que son contestadas por todas las religiones y preguntas que solamente son contestadas por algunas religiones. Según nuestra opinión, son cuatro las preguntas que todas las grandes religiones intentan contestar:

1. ¿Cuál es nuestro lugar en el mundo?
2. ¿Cómo podemos vivir correctamente?
3. ¿Cómo debemos rezar?
4. ¿Qué nos sucede después de la muerte?

¡Una religión tiene que contestar estas preguntas, de lo contrario no lo es! Y para quien estas preguntas sean importantes, querrá saber más sobre las religiones. Pero estas preguntas son las más grandes y las más importantes que nos hacemos en nuestra vida. Por su culpa, se crearon las religiones; por su culpa, se mantienen. Porque necesitamos respuesta a ellas, imprescindiblemente.

En este libro no se dice que solamente una religión pueda dar las respuestas correctas. Porque creemos que *todas* las religiones del mundo tienen buenas respuestas. Hemos comprobado que podemos averiguar algunas cosas maravillosas, ciertas y buenas de todas las religiones de implantación mundial sobre las preguntas importantes.

Uno se imagina un diamante. Un diamante no se puede contemplar sólo por una cara, ya que brilla distintamente desde cada una de sus caras. Con las religiones sucede otro tanto. Las grandes religiones brillan a su manera, como las caras de un diamante.

También se puede tomar como ejemplo a los padres. Si alguien dice que quiere a sus padres, no quiere decir que ellos sean los únicos buenos padres en todo el mundo, sino que él no ha aprendido tanto de nadie como de sus padres, que con ellos tiene una confianza especial y que los quiere siempre y que más tarde hablará de ellos a sus nietos. Así sucede con nuestra religión. Nos resulta especialmente conocida. Nunca nos cansamos de sus historias, pero escuchamos siempre con agrado una buena historia de otra religión, que significa para otras personas tanto como nuestra religión para nosotros.

Uno de nosotros (Gellman) es rabino, el otro (Tom Hartman) pastor evangelista. Cada uno de nosotros ama su religión y ninguno de los dos piensa cambiarse de religión. Queremos mantenernos fieles a las enseñanzas de nuestras respectivas religiones y mantenerlas vivas. No queremos que todas las religiones se fusionen en una gran religión, ya que eso sería más aburrido y haría el mundo muy monótono. Sería como si solamente existiera un equipo de fútbol, un grupo musical, sólo un pintor o una clase de helados. Las diferentes religiones dan color al mundo, le dan su sabor, ritmo y alegría. ¿No es eso tremendamente emocionante?

En el transcurso de la vida, uno conoce, naturalmente, a personas que detestan las religiones. Con frecuencia dicen: «Las religiones significan divisiones y odio entre las personas». Esto es ridículo y nosotros siempre contestamos a esa indicación: «¡Fijaos en el mundo! ¡Fijaos en las personas que predican el bien, que reparten comida a los pobres y hambrientos o construyen casas para los pobres y se preocupan de atender a los niños de los que nadie quiere ocuparse. ¿No os dais cuenta de que muchas de esas personas hacen el bien porque su religión así se lo ha enseñado?»

Y añadimos: «¡Fijaos también en las personas que hacen el mal, que matan sin motivo alguno a otras personas o simplemente las torturan para divertirse o las golpean por el color de su piel, personas que engañan o mienten y roban y arrojan a la carretera botes vacíos de cerveza desde la ventanilla del coche, esa mala gente. ¿No os dais cuenta de que ninguno de ellos ha sido conducido a esas miserables acciones por la religión?»

Bien seguro que se puede ser una buena persona sin religión. El hacer el bien no solamente se puede aprender de una religión, sino también por el ejemplo de personas buenas. Sin duda, hay malvados que son religiosos y gente de bien que no son religiosos, pero algo está claro: Detrás de todas las buenas acciones de las personas se encuentra la influencia de la religión.

Lo importante es que se haga el bien, no por qué se hace. Pero si alguien afirma que la religión siembra enfrentamiento y odio entre la gente, se le debe contradecir e indicarle que dice tonterías. Y si no quiere escuchar lo mejor es marcharse donde las buenas personas intentan juntas mejorar el mundo, sin preocuparse de por qué ellas son buenas.

Habría que decir una última cosa: Sabemos que hay gente que afirma que su religión es la única verdadera. No nos molesta si alguien cree que su religión es la verdadera y tampoco nos molesta si alguien opina que su religión es más verdadera que todas las demás. Pero nos molesta determinantemente si hay gente que cree que son los *únicos* que poseen la verdadera religión y después se ponen en camino y causan daño por eso. Aquel que hace daño a alguien porque cree que se lo enseña su religión solamente demuestra que no ha comprendido lo que la religión *verdaderamente* le enseña.

Hay una vieja historia de un rey que tenía un precioso anillo y tres hijos. Cada hijo quería poseer el anillo. Cuando murió el rey, dejó a sus hijos tres anillos. También les dejó una carta, en la que ponía: «Mis queridos hijos: Solamente uno de estos anillos es auténtico, los otros dos son falsos. Reconoceréis el anillo auténtico en que su propietario es amable y espléndido con todas las personas». Así, cada uno de los hijos pasó el resto de su vida siendo bueno para demostrar que él poseía el anillo auténtico. Con las religiones sucede lo mismo. Con insultos y gritos no demostráis que vuestra religión es la verdadera, sino viviendo de acuerdo con ella.

2

¿En qué se parecen las religiones?

Las religiones se parecen porque contestan a las mismas preguntas. En el anterior capítulo hemos hecho mención de cuatro preguntas que son formuladas y contestadas por las grandes religiones de implantación mundial. Ahora queremos ver más detenidamente esas preguntas.

¿Cuál es nuestro lugar en el mundo?

Todas las religiones nos enseñan lo que debemos hacer en nuestra vida en la Tierra. Lo hacen contándonos historias sobre el mundo y sobre personas sabias que vivieron mucho antes que nosotros. Algunas religiones dicen que vivimos en un mundo que ha sido creado por un único Dios. Otras dicen que nuestro mundo ha sido creado por muchos dioses y unas pocas religiones aclaran que en nuestro mundo no hay ningún dios. Pero todas las religiones nos indican nuestro lugar en el mundo. Encontrarlo es descubrir el sentido de la vida.

Las historias que nos ayudan a descubrirlo son historias que deben cambiarnos. En cuanto las escuchamos debemos mejorar. Para ello hay una palabra, una gran palabra: *Salvación*. Salvación significa «ser salvados».

Las religiones nos salvan. «Nos salvan, ¿de qué?», preguntará quizá alguien ahora. Bueno, no de cocodrilos. Las religiones nos protegen para no hacer lo equivocado. Hacer lo equivocado quiere decir *pecar*. La religión nos protege del desconocimiento, esto es, de no saber lo que uno debe hacer. Las religiones nos salvan del sufrimiento, es decir de ser siempre desgraciados. Las religiones nos salvan. Ésta es una de sus principales razones de ser. Las historias no nos salvan. Las historias son solamente el camino con el que las religiones nos muestran cómo ser salvados. Y de eso se trata, en definitiva, cuando buscamos nuestro lugar en el mundo: De la salvación.

¿Cómo vivimos correctamente?

Si en el mundo viviera solamente una persona, podría dar lo mismo lo que significara vivir correctamente, porque sólo existiría ella y podría vivir como quisiera. Pero en cuanto hay dos personas, se tiene que saber cómo deben relacionarse entre sí. Por primera vez, a través de la religión, las personas aprendieron a relacionarse de forma pacífica y amable. Nosotros seguimos considerando la religión como el mejor camino para que las personas aprendan a vivir juntas en paz.

Lo que nos sorprende es que las religiones enseñen lo mismo en todo el mundo sobre la vida correcta. Religiones de las montañas y de los llanos, religiones de los desiertos y de los bosques, viejas y jóvenes religiones. ¡Todas ellas comparten muchas ideas, la vida correcta! Todas las religiones nos enseñan a ayudarnos los unos a los otros allí donde podemos. Todas las religiones nos enseñan a no maltratar, a no matar y a no robar o engañar. Todas las religiones nos enseñan a perdonar y a no tener en cuenta los defectos de los demás, ya que nosotros también tenemos defectos. Todas las religiones nos enseñan a amar a nuestra familia, a respetar a nuestros padres y a formar nuevas familias cuando somos adultos. Es verdaderamente sorprendente el que las religiones en todas partes tengan casi las mismas ideas sobre una vida correcta.

Vivir correctamente también quiere decir aprender a vivir con defectos. Las religiones nos muestran cómo podemos hacernos con nuevos ánimos y cómo comenzar de nuevo cuando hemos hecho algo equivocado. Las religiones están siempre ahí para ayudarnos a volver de nuevo al buen camino.

Las religiones tienen diversos nombres para sus enseñanzas sobre la correcta vida. En los taoístas, esa enseñanza se llama *Tao*; en los judíos, *Torah*; en los budistas. *Dharma*; en los hindúes, *Yoga*; en los cristianos, *Evangelio*, y en los musulmanes, *Corán*.

Todas esas enseñanzas sobre el comportamiento correcto en la vida se asemejan a un camino. Las religiones dicen que si llevamos una vida buena y nos mantenemos en ese camino, nos irá bien, pero que si nos desviamos del camino, precipitaremos al mundo en la perdición y nosotros mismos nos perderemos. Todas las religiones nos enseñan que, si nos mantenemos en el camino correcto, no sólo cambiamos el mundo, sino que cambiamos nosotros mismos y también nos enseñan que, con ello, protegemos al mundo y nos protegemos a nosotros. El camino es como un viento fuerte que nos impulsa hacia adelante. Es como las velas de un gran barco, que nos lleva por el mar hacia un lejano lugar que no nos resulta desconocido, sino familiar. El camino nos conduce a lo mejor que hay.

¿Cómo debemos rezar?

Por medio de las oraciones, las religiones nos enseñan cómo podemos expresar lo que sentimos en el corazón. Cuando nos encontramos sorprendidos por la belleza del mundo, la oración convierte nuestra sorpresa en palabras de acción de gracias a Dios. Cuando nos sentimos atemorizados, la oración transforma nuestro temor en palabras y así perdemos el temor. Cuando necesitamos verdaderamente algo importante (esto es, no sólo una bici o un videojuego) y no sabemos a quién dirigirnos, la oración da forma a nuestras necesidades. Las oraciones también nos ayudan a mantener la esperanza de que pronto recibiremos lo que necesitamos y nos dan la seguridad de que poseeremos aquello que *verdaderamente* necesitamos. Las oraciones transforman nuestros sentimientos más íntimos en palabras a Dios.

También podemos expresar en nuestras oraciones lo felices que somos en un momento determinado. En primavera u otoño, o en una época ya pasada, en la que sucedió algo fabuloso. Nos acordamos de todo eso y jamás lo olvidaremos porque lo guardamos en la oración.

Al rezar, podemos contar a nuestros hijos la historia de nuestra religión. Las oraciones son como pequeñas lecciones sobre Dios y el mundo. Cada oración enseña algo verdaderamente importante y hace que se mantenga en nuestra memoria.

A través de la oración, las personas religiosas aprenden a cantar. Las oraciones pueden ser dichas en voz alta o en silencio o ser escritas en un trozo de papel, pero en realidad han sido pensadas para ser cantadas. Las oraciones son canciones de personas que cantan su amor a Dios, al mundo y al prójimo.

Rezar es también un camino para hacer una pausa y recapacitar sobre cosas importantes. Incluso en religiones en las que no se cree en Dios, hay, sin embargo, oraciones. En esas religiones, la oración sirve para limpiar el espíritu, como con una especie de jabón sagrado. Las oraciones ayudan a las personas a ser más libres y sabias y a descubrir lo que es verdaderamente importante.

Todas las religiones tienen oraciones, pues en cada religión hay personas y todas las personas tienen que tener las palabras adecuadas a su admiración y a sus temores, a su agradecimiento y a sus deseos, a su búsqueda y a sus hallazgos.

¿Qué sucede después de nuestra muerte?

Las religiones nos protegen de volvernos locos confrontados con el pensamiento de nuestra muerte. La muerte es el final de la vida. En cierta manera, la muerte es como un muro al final de un jardín y las religiones nos posibilitan lanzar una mirada por encima del muro. En las religiones pensamos en lo que nos espe-

21

ra después de la muerte y en que tiene que haber algo más allá del muro. Las religiones nos enseñan que la muerte, a pesar de que signifique el final irreversible de nuestro cuerpo, no es nuestro absoluto final.

A pesar de que todas las religiones nos enseñan que después de la muerte viene algo, las mismas religiones tienen una idea diferenciada sobre ese algo. Algunas explican que tenemos un alma inmortal, que va al cielo después de la muerte si fuimos buenos y al infierno si fuimos malos. Otras aclaran que nuestra alma se introduce en otro cuerpo cuando hemos muerto y que esto sucede tantas veces cuanto sea necesario mientras no seamos tan buenos que no podamos ser mejores. De nuevo, otras religiones dicen que, ciertamente, no tenemos ningún alma pero que, después de nuestra muerte, algo continúa.

Todas esas diversas enseñanzas sobre lo que sucede después de nuestra muerte, nos proporcionan la esperanza de que la muerte no es, ciertamente, el final. Esa esperanza nos quita el miedo a la muerte; en cuanto que las religiones nos trasmiten esperanza, nos ayudan a dominar la vida y a mirar de frente a la muerte.

El mensaje de que la muerte no es un final definitivo se apoya, en realidad, sobre una profunda esperanza: La esperanza de que el amor no muere jamás. El amor es lo mejor que conocemos. El amor es lo único que deseamos que no pase nunca. Y las religiones nos enseñan que el amor nunca se acaba.

3

¿En qué se diferencian las religiones?

Como todos sabemos, hay diferentes juegos de balón; a pesar de ello, todos los equipos de fútbol, de balonmano o baloncesto juegan con balón. Algo de eso es válido para las religiones. Aunque las religiones del mundo son diferentes, pese a ello, todas son religiones. El punto determinante: Lo que asemeja a las religiones, esto es, lo que las convierte en religiones, son las preguntas que *todas* se hacen y contestan. Lo que diferencia a las religiones entre sí son las preguntas que solamente *algunas* de ellas se hacen y contestan.

Como vimos en el capítulo anterior, las religiones del mundo se asemejan en muchos puntos. Pero también hay grandes diferencias y algunas queremos verlas más detenidamente.

Algunas religiones creen en un único Dios, otras en incontables dioses

Creer en un único Dios o en muchos dioses no es solamente una cuestión numérica. La diferencia va más allá. En las religiones que creen en muchos dioses, no hay uno que sostenga el mundo entero, como es el caso de las religiones que solamente creen en un único Dios. En las religiones con muchos dioses, no hay un Dios único que cuide de que el sol, la encina, el león y el pulpo se complementen maravillosamente y existan según el gran plan. Eso significa que a las religiones que creen en muchos dioses, les resulta muy difícil encontrar un solo motivo por el que todo funcione en la Tierra.

En las religiones con un único Dios, todo lo que existe fue creado por ese Dios. Todo se complementa en un plan universal, que fue realizado por un único Dios. Algunas cosas pueden ser explicadas mejor por aquellas religiones con muchos dioses, otras por las de un único Dios. En las de un único Dios, vemos cómo las cosas están interrelacionadas entre sí; en las de muchos dioses, pensamos en la diferencia entre las cosas.

A las religiones que creen en muchos dioses les resulta más fácil explicar el mal en el mundo que a las que creen en un único Dios. Las religiones de muchos dioses pueden decir: «El mal procede de los dioses malos y el bien de los dioses buenos». Esto nos recuerda *El Mago de Oz*, donde lo malo y lo tenebroso procede de la Bruja Mala de Occidente y todo lo bueno del Hada Buena del Norte.

Las religiones de un único Dios enseñan que lo bueno procede de Dios y lo malo de las personas que se han alejado de Dios. Esas religiones explican que Dios les ha dado la libertad a las personas para hacer el bien o el mal. La libertad de las personas para decidirse por el mal es la fuente de la que fluye la mayoría del infortunio en el mundo. Dios es bueno, pero concede a la persona la libertad de ser mala.

Las grandes religiones de un único Dios son aquellas que consideran a Abraham como su padre originario: el judaísmo, el cristianismo y el Islam. Las grandes religiones de muchos dioses se formaron en la India y proceden de la religión hindú más antigua, el hinduismo.

Algunas religiones creen en dioses, otras creen que no hay ningún dios

El budismo es una religión en la que, según su enseñanza, no hay ningún dios en el mundo. Pese a ello, nosotros la hemos incluido en este libro porque, aunque no enseñe nada sobre Dios, contesta las cuatro preguntas de las religiones. Nos explica nuestro destino en el mundo y nos enseña cómo vivir correctamente, informa a las personas sobre la vida después de la muerte y nos muestra cómo debemos rezar. El budismo enseña, sobre todo, cómo salvarse de la ignorancia. Los budistas explican que, para entender el mundo, tenemos que comprender que nada existe verdaderamente. Si comprendemos que nada existe realmente, entonces seremos libres y nos sentiremos felices y tranquilos. Esa profunda satisfacción y verdadera tranquilidad, que encontramos si hemos reconocido que nada es verdadero, se llama *nirvana*.

El que cree en uno o más dioses, puede pensar que, sin un dios o varios dioses, es imposible educar a las personas para que lleven una vida de bien. Pero el budismo educa a las personas para que lleven una vida de bien. El budismo es una religión pacífica, que rechaza hacer daño a alguien o matar, sin más, a los animales. Se necesita tiempo para comprender la enseñanza budista. Puede resultar extraña la afirmación de que el mundo no existe verdaderamente, pero el budismo merece el tiempo que cuesta comprenderlo. El budismo nos recuerda que no todas las religiones del mundo necesitan a Dios para alcanzar sus fines.

Algunas religiones dicen que nos tenemos que desprender de todas las cosas mundanas y otras que de lo que se trata es de cambiar el mundo

De todas las religiones podemos aprender cómo nos podemos liberar de las cosas de este mundo y cómo debemos cambiar el mundo, pero cada religión coge lo uno o lo otro e intenta conseguirlo.

Budismo e hinduismo son dos religiones que enseñan cómo desprendernos de las cosas mundanas. En los hindúes, esa liberación se llama *moksa*. *Moksa* significa «ser liberados de tener que reencarnarse en alguien o algo». El que alcanza el *moksa* está liberado de todo el mundo. Ya no tiene que ir a la escuela o repetir el examen de mate, ya no necesita que le pongan más inyecciones o caer enfermo, no vuelve a tener nunca dolores y está para siempre libre de la muerte. Pero la mayor libertad que se consigue a través del *moksa* es no tener que reencarnarse, después de la muerte, en alguien o algo. La idea de tener que volver a nacer tantas veces cuantas sea necesario hasta que uno es liberado se conoce con el nombre de *reencarnación*.

En el budismo, al hecho de ser liberado de este mundo se le denomina *iluminación*. Iluminación significa comprender por qué el mundo es así y no de otra forma, por qué existe el sufrimiento y el dolor. Iluminación significa comprender que nada es verdadero.

Las religiones que explican cómo debemos cambiar el mundo creen que cada uno de nosotros solamente se puede liberar si nos liberamos *todos*. El judaísmo es la religión que representa este pensamiento con mayor determinación, pero también diferentes ramificaciones del cristianismo y del islam se declaran partícipes de esta idea. Un versículo del Levítico (el 3. Libro de Moisés) pone claramente de manifiesto cómo debemos cambiar el mundo, según la idea judía: «Pedid libertad para todos los habitantes del país» (Levítico 25:10). A los fundadores de América les gustó tanto este pensamiento que grabaron ese versículo en la Campana de la Libertad.

Las religiones que nos muestran lo que debemos hacer de esta vida en la Tierra dicen a las religiones que no aclaran cómo liberarnos del mundo: «¿Cómo podéis mirar indiferentes cómo las personas se mueren de hambre y cómo son mantenidas sin libertad las personas esclavizadas? Nosotros no solamente no deberíamos mantenernos pasivos y esperar, sin hacer nada, a morir y a desaparecer de la faz de la Tierra, sino que deberíamos hacer todo lo posible para mejorar el mundo mientras vivamos».

Las religiones que nos enseñan a despojarnos de todo lo mundano dicen: «No seáis tan tontos. Os equivocáis si creéis que podéis cambiar el mundo. Siempre *hubo* sufrimiento, *hay* sufrimiento y *habrá* sufrimiento en el mundo. No podéis cambiar *absolutamente nada* en ello. Si intentáis cambiar el mundo, liberando a las personas y ayudando a que todas tengan un plato de sopa caliente, toda vuestra vida la pasaréis decepcionados, furiosos y abatidos. Cuanto antes lo comprendáis, más relajados, sabios y felices viviréis».

Aquel que haya crecido en una religión-para-cambiar-el-mundo quizá pensará que las religiones para-la-liberación-del-mundo no tienen razón, porque no quieren cambiar nada de lo malo que hay en él. Y al contrario, aquel que haya crecido en una religión-para-liberarse-del mundo puede pensar que todas las religiones-para-cambiar-el-mundo se equivocan, porque llevan a las personas a la desesperación al aconsejarles que cambien cosas que no pueden cambiar.

Las religiones-para-liberarse-del-mundo enseñan que nosotros volvemos a nacer una y otra vez y las religiones-para-cambiar-el-mundo enseñan que esta vida es nuestra única vida. El que tengamos solamente una o muchas vidas diferencia enormemente a las religiones. El que cree que después de su muerte pasará una vida eterna al lado de Dios y que su vida en la Tierra determina sobre la eternidad, se esforzará mucho en su única apuesta en el terreno de juego de la vida. Al contrario, para alguien que cree que, por volver a nacer una y otra vez, su vida actual no tiene verdaderamente importancia, ya que él posee un montón de posibilidades de conseguirlo en una de sus próximas vidas. Hay una diferencia si se hace una sola vez un importante examen o si puede repetirse tantas veces como uno necesite hasta haber contestado correctamente todas las preguntas. En el primero de los casos, uno se muerde las uñas y la goma de borrar; en el otro, se dirá: «¡Qué más da!»

Ambas corrientes religiosas tienen sus ventajas e inconvenientes. Para las religiones de una «sola apuesta» es muy importante lo que hacemos para cambiar el mundo, porque solamente tenemos una posibilidad. Para las religiones de «una y otra vez» no tiene tanta importancia cambiar el mundo como hacer ser a las personas más relajadas y menos estresadas. Aun así, ambas corrientes religiosas educan a las personas en el amor al prójimo. Ambas corrientes religiosas contribuyen a que las personas hagan el bien en la Tierra, aunque las dos corrientes se diferencian fundamentalmente.

En algunas religiones se puede entrar, en otras hay que nacer dentro de ellas

Para pertenecer a una etnia hay que haber nacido en esa etnia. No se puede decir sencillamente: «Quiero ser esquimal». Si tus padres no son esquimales, tampoco tú puedes serlo, independientemente de lo que hagas para ello. Podrás comprar un anorak de pieles e ir a la caza de focas en un kayak, pero cuando regreses al iglú, los esquimales te mirarán y te preguntarán: «¿Qué diablos haces tú aquí?» Así es con las etnias o tribus. El pertenecer a una etnia depende de los padres, no de las creencias.

Las religiones en las que la procedencia de una persona es más importante que su creencia son las llamadas *religiones tribales*. Esas religiones solamente permiten pertenecer a ellas a las personas que han nacido dentro de la tribu. Otras religiones aceptan a todo aquel que cree en su doctrina. Por eso, se les llama *religiones abiertas*. Las religiones abiertas no se preocupan de quiénes son tus padres o a qué grupo étnico perteneces. La diferencia entre religiones tribales y abiertas es una de las grandes diferencias entre las religiones del mundo.

Muchas de las religiones tribales son pequeñas porque la mayoría de las tribus son pequeñas, aunque hay una gigantesca religión tribal en el mundo: El hinduismo. El hinduismo es la religión de las tribus de la India. La mayoría de los hindúes dice que hay que nacer hindú para poder serlo. El motivo es el sistema de castas hindú, según el cual los hindúes nacen en castas diferentes. La *casta* es el rango social de una persona en la sociedad hindú.

Hoy en día, algunos hindúes dicen que todo el que quiera puede convertirse en hindú. En 1955, el gobierno de la India intentó abrir algo más el hinduismo aprobando una ley que permitía a todo el mundo hacerse hindú. Pero esa ley no es seguida, ni con mucho, por los hindúes. Algunos maestros del hinduismo le dijeron entonces al gobierno hindú: «Preocupaos de la recogida de la basura y del correo y dejadnos a nosotros las leyes del hinduismo».

El cristianismo es un ejemplo de religión abierta. Todo aquel que crea que Jesús fue el hijo de Dios, que vino a la Tierra, que murió por nuestros pecados y que resucitó de la muerte, puede ser cristiano. Mucha gente cree que las religiones abiertas son mejores que las religiones tribales, pero a nosotros nos parece que ambas formas de religión tienen sus ventajas. Las religiones tribales tienen la ventaja de que, en ellas, la religión y la vida están estrechamente vinculadas. La vida de una persona en una tribu incluye su religión. Por el contrario, en las religiones abiertas la creencia a veces solamente representa una pequeña parcela en la vida de las personas y no tiene ninguna importancia en la vida cotidiana.

El inconveniente de las religiones tribales es que no dejan ninguna elección a las personas y tener la posibilidad de elegir es una buena cosa. Las religiones abiertas son libres y permiten incorporarse a ellas a todo aquel que cree en su religión. Las religiones abiertas dicen: «Esto es lo que nosotros creemos. Si tú crees lo mismo, únete a nosotros. Nos alegramos de tenerte con nosotros». Esto, naturalmente, es muy agradable.

Pero también hay inconvenientes en las religiones abiertas. Algunas religiones abiertas no permiten, sencillamente, entrar en ellas, sino que intentan obligar a entrar. El cambio de una religión a otra se llama *conversión* y a aquel que ha cambiado su creencia religiosa se le llama *converso*. Las religiones que se esfuerzan por conseguir conversos pueden terminar atacándote los nervios e incluso, en ocasiones, intentan convencer por la fuerza para que se entre en su religión. Cuando los primitivos habitantes de América se encontraron con los españoles que habían llegado con Colón, se dieron cuenta rápidamente de que aquellos cristianos querían obligarles a abandonar su primitiva religión para hacerlos cristianos. A una persona que va a ganar conversos para una religión se le llama *misionero*. Muchos misioneros cristianos fueron conquistadores que no soportaban ningún «no».

La religión judía es en parte tribal y en parte abierta. Se puede ser judío de dos formas: O bien se es hijo de una madre judía (algunos opinan que es suficiente con que lo sea el padre) o uno asegura que cree en la religión judía. Así que el judaísmo es una religión abierta para que quien quiera pueda entrar, pero, a la vez, es una religión tribal porque si se tiene una madre judía, uno mismo ya es judío, indiferentemente de lo que uno diga o haga. Se puede creer que la religión judía es un compendio de tonterías, pero si se tiene una madre judía, uno sigue siendo judío. Si se tiene una madre judía, no hay que reconvertirse en el caso de que, siendo adulto y habiéndose cambiado con anterioridad al cristianismo, se cambie de idea y quiera volver a ser judío. La religión judía dice: «Bueno, no pasa nada. Una vez nacido judío, uno es para siempre judío».

Una diferencia verdaderamente interesante entre las religiones abiertas y las tribales se encuentra en que la primeras, normalmente, fueron creadas por las enseñanzas de un único fundador, mientras, por el contrario, las religiones tribales nacieron de la vida en la tribu. El cristianismo es una religión abierta y está basado en las enseñanzas de Jesús. El budismo es una religión abierta y se basa en la vida de Buda. El Islam es también una religión abierta basada en las enseñanzas de Mahoma.

Estas religiones son inseparables de sus fundadores. Por el contrario, hinduismo, judaísmo, sintoísmo son religiones tribales y no tienen un fundador importante que haya creado la totalidad de la religión. Las religiones abiertas están más bien preocupadas de aplicar correctamente las enseñanzas del gran fundador, mientras que las tribales no se rompen la cabeza pensando si sus seguidores viven o no correctamente.

Determinante es el que todas las religiones del mundo tienen ventajas e inconvenientes, independientemente de las semejanzas o las diferencias entre sí. Aquel que comience a pensar que todas las religiones del mundo son iguales, debería abrir de nuevo la parte del libro en la que se dice en qué se diferencian las religiones. Y aquel que comience a creer que todas las religiones del mundo son totalmente distintas, ése que hojee hacia atrás en las páginas que muestran en qué se parecen. Confiamos en que el lector, al final del libro, tenga la sensación de que cada religión es, en sí, maravillosa...

Todavía puede haber alguien que pregunte *por qué* hay tantas religiones en el mundo. Creemos que las dos interpretaciones que siguen ayudarán a comprender ese fenómeno.

Todas las religiones en el mundo son como caminos distintos en la misma montaña

Como es sabido, para ascender una montaña no hay un solo camino. Si la montaña es verdaderamente alta, siempre conducen muchos caminos hacia su cumbre. Las montañas son, sencillamente, demasiado grandes para una sola ascensión. Lo mismo sucede con las religiones. Dios es una idea demasiado grande, una cosa tan importante, un ser tan transcendental que da lo mismo los muchos caminos que recorramos para comprender a Dios y sus enseñanzas.

Dios es, por decirlo así, muchas veces más grande que la montaña más alta y todas las religiones del mundo no son otra cosa que los distintos caminos a través de los cuales nosotros, las personas, hemos intentado comprender a Dios. Creer que solamente debería haber una única religión sería tanto como creer que solamente debería haber un único camino, una única senda en la montaña. ¿Por qué debería ser así?

Todas las religiones del mundo son como estrofas distintas de una bella canción

La música más bella del mundo suena tan maravillosamente porque en ella las distintas notas, estrofas y sonidos están de tal forma armonizados que producen una fantástica composición. Esa coincidencia de las distintas partes, por ejemplo, en una canción se llama *armonía*. La armonía es lo que hace a la música tan bella.

La religión es como una de esas maravillosas músicas. Cada religión es como una voz en la canción de Dios por el mundo. Cada religión canta una estrofa y toca determinadas notas, que van a coincidir en una gran canción, la canción del universo. Y la canción que entonamos juntos ensalza el bien y la esperanza y el valor y anuncia el amor, el bienestar y la sabiduría, y celebra el cielo y la creación y a Dios. Esa gran canción es especialmente bella porque todas las religiones del mundo cantan distintas estrofas. Las religiones son como instrumentos en una gran sinfonía, como cantores en un coro.

Ojalá que el lector de este libro se alegre con esa música, con sus múltiples y diversos caminos que conducen a la gran montaña. Nosotros confiamos y rezamos para que cada uno se vuelva más bondadoso y condescendiente a través de la ascensión y el cántico.

4

¿Cómo se deletrea Dios?

¿Por qué se tiene un nombre? Pensamos que tenemos un nombre para que la gente no tenga que estar todo el tiempo gritando: «¡Eh, tú!» o para que el cartero sepa dónde tiene que echar la carta. Un escolar necesita un nombre para que el profesor sepa quién ha sacado una nota tan soberbia. Y sobre todo se necesita un nombre para que el pastelero sepa qué tiene que escribir en la tarta de cumpleaños. Éstas son, a nuestro entender, las razones por las que uno necesita un nombre.

Dios, naturalmente, no necesita un nombre por ninguno de esos motivos. Nadie diría a Dios: «¡Eh, tú!» y el buzón de Dios para nuestras cartas es nuestra alma, de forma que ni siquiera necesitamos un sello para enviarle una noticia. Y quizá no le guste ningún pegajoso baño de azúcar.

Entonces, ¿por qué Dios tiene un nombre? Muy sencillo: Dios no necesita un nombre, pero nosotros sí lo necesitamos para Él, porque queremos hablar con Él. Si Dios no tuviera nombre, tendríamos que dejar el espacio vacío donde queremos escribir sobre Él y esto confundiría bastante. Además necesitamos un nombre para Dios para poder agradecerle, por medio de nuestras oraciones, todo lo bueno que nos da en la vida.

Veamos los nombres que le han dado a Dios las religiones que creen en Él. Podemos aprender de cada uno de esos nombres.

Los musulmanes a Dios lo llaman *Alá*. Alá es una palabra árabe. No hay que olvidar que la palabra *Dios* es sólo la expresión española para Dios (*Dios* procede de la palabra latina *Deus/-i* y ésta, a su vez, de la voz griega *Zeus/Dios*). De los musulmanes podemos aprender algo magnífico sobre el nombre de Dios. Dicen que Dios, además del nombre de Alá, tiene otros noventa y nueve nombres. Con ello, se quiere indicar que podemos pensar cualquier nombre para Dios y, a pesar de ello, nunca se nos terminarán, pues Dios es siempre más de lo que podemos saber y expresar. Y eso también significa que casi de todos los nombres para designar algo bueno, se puede hacer también un nombre para Dios. Alguno de los noventa y nueve nombres indicados para Dios son: El Sabio, el Bueno, el Indulgente, el Misericordioso, el Único, el Piadoso, el Grande, el Rey, el Santo, el Protector, el Fuerte, el Condescendiente, el Juez, el Gratificante, el Vigía, el Amoroso, el Verdadero, el Altísimo, el Creador de todas las cosas, la Luz...Nuestro nombre predilecto es *al Salam*, que quiere decir: «El lugar de donde viene la paz». Cada uno de esos nombres es como un apelativo familiar y con cada nombre puede decirse, de otra forma, qué es Dios y qué hace Dios.

La religión judía es, en este punto, como el Islam. También tiene muchos nombres para Dios: El Misericordioso, Nuestro Padre, Nuestro Rey, el Indulgente, el Juez, el «Santificado sea», el Creador, el Salvador, «Nuestro vecino», el Nombre, el Lugar... Nuestro nombre preferido es *ehyeh asher ehyeh*, que significa «Yo soy lo que soy».

Los judíos creen que no podemos pronunciar el verdadero nombre de Dios. Con ello, se quiere decir que un solo nombre no es suficiente para abarcar la grandeza de Dios y que nosotros, verdaderamente, jamás sabremos todo sobre Dios. Además, no se debe enseñar a nombrar en vano el nombre de Dios. En la Biblia Hebrea, el nombre de Dios es escrito con cuatro letras hebreas (Y.H.V.H.). Cuando los judíos leen en voz alta la Biblia y llegan a la parte donde está el nombre YHVH, intentan no pronunciarlo y lo sustituyen por el nombre de *Adonai*, que significa «Señor». Hay cristianos que han intentado pronunciar YHVH como «Yahvé» o «Jehová». Los judíos, por el contrario, ni siquiera lo intentan porque no está permitido. Los judíos quieren que el verdadero nombre de Dios se mantenga oculto.

En la cristiandad, Dios tiene el mismo nombre que en la Biblia hebrea, YHVH. Los cristianos, sin embargo, dividen ese nombre en tres partes: la llamada Santísima Trinidad.

El primer nombre que los cristianos dan a Dios es «Dios Padre». Ese nombre lo utilizan cuando hablan de Dios como el creador del mundo y de todo lo que hay en él.

El segundo nombre para Dios en la cristiandad es «Dios Hijo». Con ello, se refieren a Jesús. Cuando los cristianos hablan de cómo Dios vino al mundo en forma humana, utilizan el nombre de Jesús. Eso significa que Jesús tanto es hombre como Dios. Jesús murió en la tierra para redimir a las personas de sus pecados. Pecar es cometer injusticia contra Dios, contra las personas o contra nosotros mismos. Pecar es alejarse de Dios y abandonar el camino que Dios nos ha trazado.

El tercer nombre para Dios es «Espíritu Santo». Así llaman los cristianos a Dios cuando hablan de sus obras en la tierra. Espíritu Santo es también el nombre que damos a Dios cuando sentimos que Él está muy, muy cerca de nosotros.

Muchas religiones tienen un nombre para Dios como el creador del mundo y otro nombre para Dios como la esperanza divina del futuro. Lo importante es que todos los nombres para Dios se refieren al mismo Dios. Se puede entender fácilmente si uno imagina lo que se siente por una persona a la que uno ama mucho. También se la ama y siente aunque uno esté separado de ella y percibe que ella también le ama. Con Dios es lo mismo. Algunos de sus nombres nos recuerdan que su amor siempre nos acompaña, incluso aunque no podamos verlo como nos vemos a nosotros mismos. Efectivamente, la mejor forma de ver el nombre de Dios es mirando a los ojos a la persona amada. En ellos, podemos ver todos los nombres de Dios.

5

¿Cuál es la principal pregunta para cada religión?

Todas las religiones del mundo se hacen muchas preguntas y dan muchas respuestas, pero en cada una de las religiones hay una pregunta que es la más importante. La pregunta central da a cada religión su particularidad, lo mismo que la pimienta, la sal, el ajo o el queso da un sabor inconfundible a un determinado plato. Nosotros queremos presentar solamente algunas de esas religiones de las que se habla en el libro, y aclarar qué pregunta es la más importante en cada una de ellas y por las que se han configurado así, cómo eran, cómo son y cómo serán.

Hinduismo

La pregunta central para el hinduismo es **«Cómo puedo ser redimido de la eterna reencarnación?»**
Aproximadamente, 750 millones de hindúes en todo el mundo intentan contestar esta pregunta. La

mayoría vive en la India. Allí, de diez personas casi nueve son seguidores del hinduismo. Algunas religiones están tan arraigadas con la historia de su país. Así sucede con el hinduismo y la India.

Para los hindúes, la pregunta determinante se deriva de su creencia de que estamos presos en este mundo. Estar preso en este mundo para un hindú significa que solamente nuestro cuerpo muere con la muerte. Los hindúes creen que nuestra alma, a la que llaman *atman*, se va inmediatamente a un nuevo cuerpo y allí sigue viviendo. Esa idea tiene un nombre: *reencarnación,* que significa volver a nacer muchas veces, indefinidamente.

Los hindúes enseñan que la vida en el nuevo cuerpo, después de la reencarnación, depende de lo bueno que haya sido en la anterior vida. A esa enseñanza se le llama *karma*. El karma se apoya en la idea de los hindúes de que «todo vuelve». Es el convencimiento de que todo lo que hacemos y todo lo que nos sucede, nos cambia. El bien que hacemos nos hace mejores, el mal nos hace peores. Si has hecho el bien en la vida, tienes un buen karma y regresas, después de la muerte, quizá como una persona mejor situada, superior. Quizá entonces se nazca de nuevo como Michael Jordan o como presidente de los Estados Unidos, o como rey o reina o quizá, si uno es verdaderamente bueno, como capitán de un equipo de fútbol.

En el caso de un mal karma, uno se reencarnará, según la doctrina de los hindúes, en un ser inferior, por ejemplo en un mosquito. Pero el mosquito malo que solamente pica a las personas malas, recibirá un buen karma de mosquito y se reencarnará como persona y así podrá ascender de nuevo en la escala de la reencarnación. Determinante es que depende de uno mismo si haces el bien y recibes un buen karma y asciendes, o haces el mal, recibes un karma malo y desciendes.

El karma es el fundamento del sistema de castas de los hindúes. En los hindúes, las castas reciben el nombre de *varnas*. La casta o varna más elevada es la de los *brahmanes*. Los brahmanes son sacerdotes y reyes, sabios y otras especies distinguidas. La siguiente varna es la de los *kshatriyas*, los guerreros, después les siguen los *vaisyas*, los campesinos y propietarios de tierras. La varna más inferior es la de los *shudras*, los trabajadores. Por debajo de esas cuatro castas, hay todavía hindúes que no pertenecen a ninguna casta. Se les denomina «los intocables», y a los demás hindúes ni siquiera se les permite tocarlos. Aunque el gobierno de la India ha promulgado una ley derogando el sistema de castas, algunos hindúes no respetan esa ley.

Para la persona que no es hindú, el sistema de castas es lo más difícil de entender en la religión hindú. No todos los hindúes reconocen el sistema de castas. Mahatma Gandhi, el hindú más famoso del siglo XX, que luchó por la liberación de la India de Gran Bretaña, lo rechazó. Uno de los factores por los que el budismo, el jainismo y el sijismo se separaron del hinduismo fue porque los fundadores de esas nuevas religiones consideraban el sistema de castas como inhumano e injusto, ya que si se había nacido en una casta inferior, no se podía cambiar nada en esa vida.

La idea del karma convierte además a muchos hindúes en vegetarianos, ya que el medio pollo asado en el plato podía ser el tío Pepe que se había reencarnado en pollo después de una vida poco edificante. Los hindúes también consideran sagradas a las vacas. Millones de vacas deambulan sueltas por toda la India, lo que provoca constantes accidentes automovilísticos, lo que significa, a su vez, un mal karma para el conductor. Así que la posibilidad de que te sirvan un buen Big Mac o un Whopper en la India no es precisamente grande.

La palabra reencarnación puede que suene bastante bien para algunas personas, pero para los hindúes suena horriblemente. La idea de tenerse que reencarnar eternamente es para ellos deprimente. Su única gran esperanza es el *moksa*, la esperanza de ser liberado de la reencarnación. La gran pregunta que ha caracterizado al hinduismo es cómo encontrar el moksa.

Según la enseñanza de los hindúes, cuatro caminos conducen al moksa y esos caminos se llaman *margas* o *yogas*. El primer camino conduce a través del saber y recibe el nombre de *jñana yoga*. A ese camino llegamos a través de la reflexión y del aprendizaje, al conocimiento de todas las cosas y así a la redención. El segundo camino conduce a través del sentir y se llama *bhakti yoga*. Ese camino nos trae la redención por medio de la oración. El tercer camino conduce a través del obrar y es llamado *karma yoga*. Aquí somos redimidos si realizamos buenas obras.

Además, todavía hay el camino de la meditación y la ascética y determinados ejercicios de respiración. Se le denomina *hatha yoga*. Mucha gente medita o hace hatha yoga sin ser hindú, sencillamente para sentirse bien o para evitar que su cuerpo se vuelva rígido y suene de una forma tan cómica al levantarse uno por las mañanas. Con la meditación y la hatha yoga, el hinduismo ha hecho dos magníficos regalos al mundo. La meditación relaja el espíritu y contribuye al bienestar físico. Es como si se durmiera a pesar de que se está despierto. Los hindúes saben que no se puede cuidar el alma si, a la vez, no se tiene en cuenta el cuerpo. Uno de los grandes conocimientos del hinduismo es el que nuestro cuerpo también pertenece a nuestra religión.

Los margas conducen a la redención en cuanto que, en primer lugar, uno supera su propio yo, con lo que el espíritu y, finalmente, también el cuerpo se vuelven libres. Lo principal acerca de los margas es que cada persona será libre a su manera. Lo que para unos es el camino correcto, no lo es, ni con mucho, para otros. Así que cada cual tiene que encontrar su camino y seguirlo.

Una de las principales enseñanzas, según el hinduismo, es la existencia de un mundo lleno de dioses. La mayoría de los hindúes creen que hay tres dioses principales, que reinan sobre los demás. Está Brahma, el dios que creó el mundo. A su lado Vishnú, el dios que mantiene todo aquello que creó Brahma. Y finalmente el terrible Shiva, el dios de la destrucción. Con los tres dioses principales y billones de pequeños dioses, los hindúes tienen una gigantesca elección sobre a quién rezar y a quién ofrecer sacrificios.

Budismo

Para el budismo, la pregunta central es «**¿Cómo encuentro la iluminación**». La iluminación es el absoluto conocimiento de la totalidad del Universo. Los budistas lo llaman *nirvana*.

El budismo es una religión que se desarrolló hace aproximadamente 2.500 años a partir del hinduismo. Por eso su pregunta central se parece a la del hinduismo y la iluminación es algo parecido al moksa. Ambos nos liberan de la eterna reencarnación y nos redimen del mundo. La diferencia se encuentra en que mientras los hindúes creen verdaderamente en la existencia de un alma, que es redimida a través del moksa, en el budismo no existe verdaderamente nada, tampoco nuestra alma, y cuando comprendemos esto, alcanzamos el nirvana.

En el mundo hay aproximadamente 160 millones de budistas que buscan la iluminación. Hay muchos nombres para una persona iluminada: Buda, bodhisattva o arhat. La primera persona que encontró esa iluminación fue Siddhartha Gautama. Fue el primer y mejor Buda. Es difícil explicar lo que hay que hacer para ser un Buda. Ser Buda significa mucho más que ir al colegio, sacar un diez en todas las asignaturas, no llegar nunca tarde y devolver puntualmente los libros prestados. Como Buda, no solamente hay que ser inteligente, sino también sabio. Ser inteligente quiere decir saber lo que es verdad; ser sabio significa lo que verdaderamente tiene importancia. Los budas son ambas cosas: inteligentes y sabios.

Siddhartha Gautama vivió en la India. Lo novedoso de su vida fue lo que llevó a sus seguidores a abandonar el hinduismo y a fundar su propia religión. En una de las enseñanzas de Buda, se rechaza el sistema de castas del hinduismo. Para Buda, la casta a la que pertenecía una persona no era lo determinante, sino cómo vivía y lo que entendía bajo el concepto de iluminación.

A la enseñanza de Buda se le llama *dharma*, y a los sacerdotes budistas que viven bajo esa doctrina, *samgha*. Lo que convierte a los budistas en budistas lo explican así: «Con Buda me encuentro seguro. Si vivo según el dharma, estoy seguro. Con los samgha me encuentro seguro». A esto se le denomina los Tres refugios o Lugares de acogida. Buda es el más iluminado. Los dharma son sus enseñanzas y los samgha los sacerdotes budistas, que siguen las enseñanzas de Buda y se preocupan de los budistas que no son sacerdotes.

Después de la muerte de Buda, Asoka, que fue emperador de la India hace aproximadamente 2.300 años, intentó convertir a toda la India al budismo, pero el hinduismo era demasiado fuerte. Una vez muerto Asoka, aunque el budismo ciertamente retrocedió mucho en la India, el budismo se convirtió en una poderosa religión en China, Japón y Sur de Asia. En el Sur de Asia, al budismo se le llama *Theravada*. Se lo encuentra en Sri Lanka, Myanmar —Birmania—, Vietnam, Laos y Camboya. Más al norte, recibe el nombre de *Mahayana*. Esta corriente está extendida en Nepal, Sikkim, China, Corea y Japón. En el Tibet, Mongolia y parte de Siberia, la vertiente del budismo se llama *Tantrayana*. En el Japón hay una forma de budismo que es llamada *Zen*.

Cada tendencia del budismo hace referencia a la persona que ha entrado en el nirvana. En el Theravada, a la iluminación se le llama *arhat* ; en el Mahayana, *bodhisattva*; en el Tantrayana, *siddha,* y en el budismo zen, *roshi*. Los santos que han alcanzado el nirvana han llegado a la meta. Son absolutos números uno. Sin embargo, ninguna de los que han entrado en el nirvana después de Buda, se pueden comparar con Buda, ya que ellos alcanzaron el nirvana porque aprendieron la verdad de Buda. Por el contrario, Buda lo consiguió porque él mismo la descubrió.

El jefe espiritual de los budistas tibetanos es el Dalai Lama. Un Lama es un sacerdote budista en el Tibet y un Dalai Lama es el máximo monje. Los lamas creen que, en verdad, solamente hay un único Dalai Lama, que se reencarna una y otra vez después de su muerte. Después de la muerte del Dalai Lama, es designado un nuevo Dalai Lama entre los niños budistas del Tibet, al que se le reconoce por determinados atributos. El que un niño sea un Dalai Lama se comprueba, entre otras cosas, porque entre un montón de objetos escoge aquellos que han pertenecido al anterior Dalai Lama. El Dalai Lama actual lo hizo cuando tenía cuatro años y por eso fue elegido.

El actual Dalai Lama no puede regresar al Tibet y hacerse cargo allí de los budistas porque los comunistas chinos no quieren que les cree problemas. Confiamos en que esto cambie pronto. Sería estupendo saludar al Dalai Lama en el Tibet y decirle: «Hola, Dalai, qué bien que estés de nuevo donde tienes que estar».

La enseñanza budista del nirvana contiene cuatro sabidurías. Se las denomina las «Cuatro Verdades Nobles». Se trata de las cuatro cosas determinantes que Buda ha encontrado por el mundo y le ayudaron a entrar en el nirvana. Según la primera verdad, llamada *duhkha*, la vida está llena de sufrimientos. Según la segunda verdad, o *samudaya,* el sufrimiento viene ocasionado por nuestra codicia. Solamente si superamos esa codicia, el sufrimiento tendrá un fin, según la tercera verdad, llamada *nirodha.* A la cuarta verdad, se la denomina también el *camino intermedio.* Para terminar con el sufrimiento, hay que recorrer ese camino. Ese camino transcurre en medio

(¡naturalmente!) de una vida llena de abundancia y lujo y una vida rica en sacrificios. No demasiado rico ni demasiado pobre; ni demasiado rápido ni demasiado lento. Ése es el camino del medio.

Al camino del medio se le llama también el Sendero de las Ocho Partes, porque hay que cumplir ocho cosas para liberarse del sufrimiento y entrar en el nirvana. Necesarias son las ideas correctas y la correcta consciencia, el correcto discurso, el correcto obrar, la correcta vida, la correcta ambición, el correcto pensamiento y la correcta meditación.

En el budismo, todo el mundo puede recorrer el Sendero de las Ocho Partes y entrar en el nirvana. Sin embargo, los budistas creen que los monjes budistas alcanzan antes el nirvana que el resto de los budistas. Por cierto, las reglas según las cuales deben vivir los monjes budistas, son bastante duras. Un budista normal puede contraer matrimonio, aunque no le está permitido matar, mentir, robar; no puede hacer locuras ni fumar o beber alcohol. El que se decide a hacerse monje budista, no puede hacer ninguna de esas cosas y además no se le permite casarse, trabajar ni comer después de las doce, tampoco ir al cine o al parque de atracciones y montarse en los coches de choque, no puede utilizar perfume, ni dormir en una cama grande y cómoda y tampoco aceptar dinero.

Además, como monje, no puede tener muchas pertenencias. Como mucho, una escudilla para pedir limosna, una navaja para afeitarse, una aguja y una coladera. Todo lo que recibe, pertenece a la comunidad de todos los monjes, la *samgha*. Como monje budista, no le está permitido tener más de tres prendas de vestir. En la ropa de vestir, se puede reconocer la procedencia del monje. En Sri Lanka, los monjes llevan túnicas color naranja; en Vietnam, marrón oscuro, y los monjes Zen en el Japón, visten túnicas negras. Las túnicas de los monjes tibetanos son violeta. Los monjes budistas tienen que seguir 227 reglas, a esas reglas se les llama *patimokkha*. Cada dos semanas, los monjes repasan el patimokkha para comprobar si han transgredido alguna regla.

Según una de las principales enseñanzas del budismo, toda existencia en el mundo es ilusión, esto es, no existe verdaderamente nada. Naturalmente, los budistas saben que todo aquello que podemos ver y tocar, en cierta manera existe y que si se tiene hambre, uno puede comer una verdadera manzana o una verdadera galleta. Pero si se va al fondo de las cosas, la enseñanza budista dice que nada es verdaderamente verdadero. El que nada sea verdaderamente verdadero es fundamentado con que todo lo que existe solamente es posible a través de algo distinto y por ello, todo depende de algo distinto. Donde hay un hijo, tiene que haber un padre, y donde hay un padre tiene que haber también un abuelo. Y así se puede hacer un seguimiento retrospectivamente. Según la doctrina budista, todo depende sencillamente de algo distinto, de forma que nada lleva a una existencia independiente. Para los budistas, Dios es tan poco verdadero como el mundo. La palabra que los budistas utilizan para todo aquello que verdaderamente no existe es *shunya*.

Para entender lo que los budistas entienden bajo *shunya* necesitamos solamente pensar en un espejismo. Como todo el mundo sabe, se puede ver un espejismo aunque, en verdad, no existe. Lo que la enseñanza budista quiere decir aproximadamente con shunya es que todo lo que nosotros vemos es un espejismo. Para comprenderlo, uno se puede imaginar también un eco. El eco de una voz se oye verdaderamente, pero el eco no es la voz en sí y, en consecuencia, no existe. El budismo enseña que todo es como un espejismo o como un eco. Sabemos que resulta difícil comprender la idea budista de que nada existe verdaderamente. Árboles y perros y gatos parece que existen verdaderamente y que también están verdaderamente ahí. Pero para los budistas no son, efectivamente, *verdaderamente* verdaderos.

Los budistas Mahayana creen en una especie de Dios. Lo llaman *tathata*, que significa «Única Verdad» o la «Ley del Universo» o «Singularidad». Esto ciertamente no es un verdadero dios, pero está más cerca de nuestra idea de Dios que la enseñanza del budismo Theravada, en el que solamente el shunya existe.

No importa si esto no se entiende sin más. Si uno conoce nuevas religiones y las enseñanzas de otras gentes, siempre hay algo que resulta difícil de comprender. Eso es así cuando se aprenden cosas inusuales. Sólo que no hay que darse por vencido. Si se tensan los músculos, uno se vuelve más fuerte y cuando uno esfuerza al cerebro, nos volvemos más listos. Por cierto: Más adelante trataremos nuevamente la nada fácil doctrina del budismo.

Confucionismo

La pregunta central para el confucionismo es: «**¿Cómo vivo yo en consonancia con el camino del cielo?**». El camino del cielo es como un camino por el que nosotros siempre avanzaremos durante toda la vida. Es una fuerza que dirige la historia del mundo. El camino del cielo no es Dios, sino más bien una especie de energía terrenal, como la fuerza de la gravedad. Cuando reconocemos el poder de esa fuerza, llevamos una vida buena; cuando nos oponemos a ella, llevamos una vida mala.

La persona que enseñó todo esto fue Confucio, un maestro y santo de las mismas alturas de mira que Mahoma, Jesús, Buda y Moisés. Confucio vivió en China hace aproximadamente 2.550 años. Procedía de una familia pobre, pero estudió mucho y enseñó a las personas cómo vivir en el bien, en consonancia con el camino del cielo. El confucionismo es la religión más antigua de China.

Confucio enseñó a las personas a ser amables los unos con los otros. A eso, él lo llamó *jen*. Enseñó a las personas a no insultar ni gritar o portarse de una forma tonta, sino a ser modestos y tranquilos y a no exagerar. Una vida así hace a las personas nobles, *chün tzu*, como lo llamaba Confucio. Confucio no escribió sus enseñanzas, por lo que la mayoría de sus escritos proceden de sus discípulos. La mayoría de las enseñanzas las encontramos en un libro sobre la vida y obra de Confucio, que contiene la totalidad de sus palabras y citas.

Confucio enseñó a las personas a honrar a sus mayores, encender velas en su recuerdo y hacerles regalos, aunque ya estén muertos y no puedan recoger los regalos. Esos rituales de veneración de los antepasados son llamados *li*. Confucio también enseñó a respetar al emperador de China y a ser súbditos obedientes.

Taoísmo

La pregunta central del taoísmo suena casi como la de otra antigua religión de China, el confucionis-

mo: «**¿Cómo puedo vivir en armonía con el Tao?**»
El Tao es el camino del cielo en el confucionismo. Es
la fuerza de la virtud y del bien en el mundo. Nosotros podemos vivir en consonancia con esa fuerza o
en contra de ella, pero oponerse a esa fuerza nos trae
tribulaciones. El Tao es como un río. Si uno se deja
llevar por la corriente, la vida será sencilla y uno
mismo se volverá sabio. Pero si se nada contra
corriente, podrás esforzarte cuanto quieras, pero no
llegarás a ninguna parte. El taoísmo enseña que uno
vive eternamente si es sabio y sigue el camino del
Tao. Las enseñanzas del taoísmo deben responder a
las preguntas de cómo se puede vivir eternamente en
armonía con el tao del mundo.

El taoísmo cree en millones de dioses, pero también enseña que hay un dios principal, de nombre Yü
Huang. En el taoísmo, hay sacerdotes, pero solamente
puede ser sacerdote aquel cuyo padre ya lo ha sido.

El taoísmo se basa en las enseñanzas de dos grandes santos chinos. Uno de ellos fue un maestro, de
nombre Lao-tzú; el otro, un maestro llamado Chuang-
tzú. Se afirma que Lao-tzú vivió en época de Confucio, pero nadie sabe algo con exactitud sobre la vida
de Lao-tzú, que escribió un libro titulado *Tao-te-
Ching,* que contiene las enseñanzas del taoísmo.
Chuang-tzú vivió hace unos 2.300 años. Para mucha
gente en China, fue el principal maestro del taoísmo.

Sintoísmo

El sintoísmo es la principal religión en el Japón,
aunque su procedencia se encuentra en las religiones
chinas. El nombre de *Shinto* viene de la palabra china

51

shen tao, que significa «camino de los dioses». También en el sintoísmo se trata del Tao y de la vida correcta. Como otras religiones chinas, el sintoísmo es una especie de enlace de las enseñanzas del budismo, confucionismo y taoísmo con el culto de los antepasados, que juega un papel importante en toda China y todo Japón.

Por eso, la pregunta central del sintoísmo es **«¿Cómo puedo yo vivir en armonía con el Tao y además honrar a mis antepasados?»**. A las almas de los antepasados muertos se las llama *kami*. Están en todas partes, la naturaleza está llena de ellas. El árbol especial que se planta delante de un templo Shinto se llama *kami gi*, «árbol-dios». En el sintoísmo, todas las personas se convierten en un kami después de su muerte.

En la mayoría de las casas de los seguidores del sintoísmo hay *kami dana*, altares caseros, que tienen el aspecto de una casa de muñecas y la misma forma que los grandes armarios chinos. Al altar se le lleva sal, arroz y agua para la abuela y el abuelo, que se han transformado en kami después de su muerte. En determinados días, también se les lleva fruta; en otros, sake, el vino de arroz japonés. En algunas casas, arde constantemente una pequeña luz delante del kami dana.

En lo más alto de los incontables dioses japoneses se encuentra la diosa del sol Amaterasu. Según diversas enseñanzas del sintoísmo, el emperador de Japón es un kami, esto es, un dios y descendiente de Amaterasu. Por eso, algunos japoneses rezan al emperador, algo que, entre tanto, ha cambiado. Muchos japoneses, entre los que se encuentra el actual emperador, creen que el emperador no es ningún dios, sino solamente una persona.

Judaísmo

La pregunta central del judaísmo es **«¿Cómo podemos mantener la alianza que Dios ha sellado con nosotros?»**. La alianza se llama en hebreo *berit* y define el pacto que Dios ha cerrado para siempre con el pueblo judío, comenzando con Abraham. En esa alianza, Dios se compromete a proteger el mundo y a todas las personas. El pueblo judío ha asumido el compromiso de realizar obras buenas, *gemilut hasadim*, que deben mostrar que podemos amarnos los unos a los otros como Dios nos ama. Como los judíos enseñan, a esa alianza también pertenece el que recemos a Dios y le demos gracias por sus buenas obras para con nosotros. También el estudio y la enseñanza de esas palabras de la Biblia y sus comentarios mantienen vigente esa alianza. Ese estudio se llama *Talmud Torah*.

La religión judía se creó hace aproximadamente 3.800 años y, con ello, es la religión más antigua del mundo. Abraham vivió hace unos 3.800 años, Moisés se calcula que hace unos 3.200 años. El rey David vivió hace unos 3.000 años y Daniel hace aproximadamente 2.300 años.

Los escritos sagrados de los judíos son la Biblia Hebrea y el Talmud. Se calcula que la Biblia fue acabada hace unos 2.300 años y el Talmud hace 1.500. Algunas personas llaman «Antiguo Testamento» a la Biblia Hebrea, pero a los judíos no les gusta esa expresión, ya que no consideran su Biblia como la antigua parte, sino como la totalidad de la Biblia. Por eso, los judíos llaman Biblia Hebrea al Antiguo Testamento y Nuevo Testamento al Nuevo Testamento.

El judaísmo fue la primera religión que propagó esta importante enseñanza: *Solamente hay un todo-*

poderoso y verdadero Dios. Ese único Dios es el creador del mundo. Él escucha nuestras oraciones y nos ha dado una enseñanza con el fin de que sepamos cómo obrar correctamente y Él acoge nuestra alma en el cielo después de muertos (si no nos hemos comportado como idiotas).

Esta importante enseñanza judía pasó directamente del judaísmo al cristianismo y al Islam, las dos grandes religiones que han surgido del judaísmo. El cristianismo y el Islam continuaron desarrollándose sin que, esencialmente, cambiaran sus ideas fundamentales.

La religión judía es muy importante, aunque actualmente sólo haya 12 millones de judíos en el mundo. Antes de la Segunda Guerra Mundial había 18 millones, pero Adolf Hitler y los nazis mataron a seis millones de judíos y hasta otros cinco millones de personas en los campos de concentración. A ese asesinato en masa de judíos y no judíos se le llamó Holocausto.

Debido al Holocausto y al hecho de que actualmente sólo hay relativamente pocos judíos, muchos judíos se preguntan si Dios ha mantenido su compromiso con la alianza. «¿Cómo pudo Dios dejar morir a tantos judíos?» se preguntan. En un capítulo más adelante trataremos ampliamente el tema del mal en el mundo, aunque, resumiendo, podemos decir que Dios nunca ha prometido impedir las atrocidades de las personas. Dios nos ha prometido que nos ama, independientemente de las injusticias que cometamos unos contra otros. Y también nos ha prometido liberar nuestras vidas de lo malo si seguimos sus mandamientos. La pregunta en relación con el holocausto no debe ser «¿Dónde estaba Dios?», sino «¿Dónde estaban las personas buenas que podían haber impedido ese crimen?». La alianza es sólo una elección, una decisión entre la vida y la muerte, entre el bien y el mal, entre la bendición y la maldición. Dios dice, claro y nítido, en la Biblia: «Elegid la vida que vosotros y vuestros hijos queráis vivir».

A pesar del número reducido de judíos (cerca de 12 millones) en comparación con los cristianos (aproximadamente 1.500 millones) y musulmanes (unos 1.000 millones) se puede comprobar que la mayoría de las personas en el mundo está convencida de la verdad de la enseñanza central judía.

Los judíos sienten un profundo amor por Israel, a pesar de que la mayoría de ellos no vive allí. Lo que los judíos sienten por Israel corresponde al sentimiento de los hindúes por la India. Para los judíos, Israel no es solamente su patria, sino también una tierra sagrada y Jerusalén el lugar en el que el cielo y la tierra se besan. Lo mismo sienten los hindúes por el Ganges.

Sin embargo, Israel es para los judíos algo más que una tierra sagrada. Después del holocausto, era especialmente importante el que existiera un lugar seguro donde refugiarse en tiempos de peligro. Ese lugar, para todos los judíos del mundo, es el estado de Israel.

Cristianismo

La pregunta central del cristianismo es: **«¿Cómo puedo yo amar como Jesús ha amado?»**. Ciertamente, nadie ama como Jesús ha amado, pues Jesús era Dios y su amor fue el amor de Dios. Pero como quiera que los cristianos creen en Jesús, se esfuerzan constantemente en amar de todo corazón a otras personas y como quiera que los cristianos están convencidos de la vida y muerte de Jesús y de su amor, se hacen siempre esa pregunta central.

Las personas hablan de Jesucristo, pero «Cristo» no era el apellido de Jesús. Cristo es un título similar a presidente o general. Cristo es la traducción griega de la palabra hebrea *moshiach*, que quiere decir «Mesías». Mesías es el nombre judío para un enviado de Dios. Los cristianos creen que Jesús fue el Mesías. Por eso, en realidad, tendría que llamarse Jesús, el Cristo.

La muerte de Jesús fue un regalo para el mundo tan importante como su vida. A través de la muerte de Jesús fueron perdonados los pecados que aparecieron en el mundo cuando Adán y Eva, pese a la prohibición, comieron de la manzana prohibida en el Paraíso. (Actualmente se cree que probablemente se tratara de un higo, pero «higo prohibido» no suena tan bien como «manzana prohibida»). A través de la muerte de Jesús, el mundo fue liberado de sus pecados y los cristianos agradecen ese poderoso regalo del amor y del sufrimiento de Jesús amando a todas las personas.

La gran enseñanza de Jesús consiste en que Dios es amor. Jesús enseña a las personas a que amen no solamente a sus padres y amigos, sino también a sus enemigos, algo que muchos de sus amigos no podían comprender.

Además, Jesús habló del Reino de Dios. El Reino de Dios es tanto un lugar como también una forma de vida. Se comienza con que uno vive en la tierra como Dios desea y eso será incluso mejor cuando el cuerpo muera y el alma vaya al cielo.

La sagrada escritura del cristianismo es conocida con el nombre de Nuevo Testamento. Los cristianos creen que el Nuevo Testamento procede de Dios. También creen que la Biblia Hebrea viene de Dios. Cuando los judíos hablan de la Biblia, se refieren a la Biblia Hebrea. Cuando los cristianos hablan de la Biblia quieren decir la Biblia Hebrea y el Nuevo Testamento.

El mensaje y la vida de Jesús fueron tan convincentes que las personas propagaron por todo el mundo la historia de su vida, de su muerte y de su resurrección de entre los muertos. No hay nada que haya cambiado tanto, ni muy remotamente, la vida de tantas personas como Jesús.

Hoy viven más de 1.500 millones de cristianos en todo el mundo, lo que hace del cristianismo la religión más grande del mundo. Unos cristianos se denominan católico-apostólico-romanos, otros protestantes. A éstos pertenecen los metodistas, baptistas, presbiterianos, luteranos, evangelistas, cuáqueros y otros. Algunos cristianos se llaman anglicanos y muchos otros ortodoxos. A éstos pertenecen los griegos, rusos, armenios, bizantinos, antioquenos, etíopes y coptos.

Islam

La pregunta central en el Islam es: «**¿Cómo puedo vivir entregado a Dios?**». Las personas que se hacen esta pregunta se llaman musulmanes, a pesar de que a ellos no les gusta mucho ese nombre.

Efectivamente, ya en el nombre de *Islam* se encuentra la pregunta central de los musulmanes. La palabra *Islam* viene del término árabe para paz, *salam*, que suena casi como la palabra hebrea *shalom*. Para los musulmanes, el nombre de su religión significa «pacífica entrega a Dios». ¡Qué nombre tan maravilloso para una religión!

El Islam ha encontrado caminos de cómo vivir entregado a Dios, que ellos llaman Alá. Alá es la unión de dos palabras árabes para «Dios» y para «el». Así que Alá se llama no sólo Dios sino, en verdad, «El Dios». Cuando los musulmanes hablan de Alá quieren decir el mismo Dios que los judíos llaman Adonai y los cristianos Dios. No un Dios parecido, sino el mismo Dios.

Los musulmanes creen que el libro del Corán es la enseñanza que Dios impartió al profeta Mahoma, a través del ángel Gabriel. El Corán fue escrito en árabe y es leído diariamente por los musulmanes. Algunas personas que aparecen en la Biblia, también lo hacen en el Corán. Los musulmanes creen que todo lo que está en el Corán y en la Biblia procede de Dios. Creen que el Corán es la última palabra válida de Dios y Mahoma es el último y más grande profeta. Un profeta es un enviado de Dios. Mahoma es llamado «el sello de los profetas» (en árabe, *chatam al'anbiya)*, que significa que Mahoma fue el último enviado de Dios.

Para vivir entregados a Alá, los musulmanes tienen que cumplir cinco principales obligaciones, también llamadas las cinco columnas del Islam. Tienen que rezar arrodillados cinco veces al día y con la cara hacia la ciudad sagrada de la Meca; deben peregrinar por lo menos una vez en la vida a la Meca; dar limosna a los pobres, sobre todo durante su sagrado mes de Ramadán; ayunar durante el Ramadán entre la salida y la puesta del sol, y leer en voz alta la *Chahada,* que les recuerda que no hay más Dios que Alá y que Mahoma es su profeta. Para ser musulmán, hay que declamar, ante dos musulmanes como testigos, la Chahada: «Sólo hay un Dios que es Alá y Mahoma es su profeta». Ésta es la Chahada y es la frase más importante de la totalidad del Islam.

Lo mismo que Jesús está en el centro del cristianismo, Mahoma lo está en el Islam. Pero a diferencia con los cristianos, que creen que Jesús fue Dios, los musulmanes creen que Mahoma fue un profeta de Dios, esto es, fue una persona. Mahoma vivió hace aproximadamente 1.400 años. Cada vez que los musulmanes pronuncian el nombre de Mahoma, añaden: «La paz sea con él». De esa forma, le expresan su respeto.

Mahoma no sólo fue un buen profeta, sino también un buen general. Colaboró en la fundación del imperio islámico, el imperio más grande que jamás existió. En tiempo de vida de Mahoma, nació el imperio islámico en Arabia, pero cien años después de su muerte ya se extendía desde Francia hasta la India.

El Islam se propagó por el norte a Persia y Turquía. Se extendió por Afganistán, Tajiquistán, Uzbequistán y Paquistán. Por el este, llegó hasta la India; por el sur, hasta Africa. Además se propagó a Indonesia, Sumatra, Brunei, Malasia, Java, las Filipinas del sur, parte de Tailandia, Camboya, Singapur y por algunas pequeñas islas del sur del Pacífico, como las Fidji. Incluso en lugares donde jamás se pensaría, se encuentran musulmanes. En China hay millones de musulmanes. En Finlandia hay una importante comunidad de musulmanes. En Bosnia, viven musulmanes desde hace más de 500 años.

Por cierto, la mayoría de las personas se han hecho musulmanas porque creen en el Islam y no porque los ejércitos musulmanes les hubieran obligado a convertirse al Islam. Actualmente en Estados Unidos, el Islam es la religión con mayor crecimiento.

Aunque judíos y musulmanes se enfrentan desde hace cincuenta años por Israel, vivieron pacíficamente durante siglos. La época, aproximadamente de 800 años, en la que los judíos vivieron bajo dominio musulmán es llamada por los judíos «la época dorada del judaísmo», ya que los musulmanes fueron muy respetuosos con los judíos en sus países. El visir musulmán Al-Kadi al Fadil y posteriormente el califa Al Fadal fueron amigos de un médico de nombre Maimónides, el más importante sabio judío de la Edad Media (Los visires y los califas eran las personas de más autoridad, después del sultán, en el imperio árabe).

Pero los musulmanes se crearon también enemigos y llevaron a cabo muchas guerras, ya que no todos los países conquistados por ellos querían mantenerse bajo el dominio musulmán, tampoco por los amables musulmanes. En la época de las Cruzadas, hace aproximadamente 700 años, los musulmanes y los cristianos lucharon entre sí en Israel, y hace 200 años musulmanes e hindúes se enfrentaron, unos contra otros, en la India. Paquistán se independizó de la India en 1947 y creó su propio estado, porque hindúes y musulmanes no podían convivir juntos en un mismo estado. Es difícil la convivencia bajo un mismo techo de un imperio y de una religión. Gobernar un imperio hace que las personas olviden con frecuencia su religión, ya que resulta difícil compaginar la conquista de otros pueblos y el amor a las personas (Como sabemos, el amar a las personas es la principal motivación de la mayoría de las religiones). Ambas, cristianismo e Islam, lo comprobaron después de que intentaran, sin éxito, gobernar benévolamente sus respectivos imperios.

Abraham es también el padre originario de los musulmanes. Él y su mujer Sara tuvieron un hijo, de nombre Isaac. Isaac es el padre originario de los judíos. Abraham y otra de sus mujeres, Agar, tuvieron un hijo, de nombre Ismael. Ismael es el padre originario de los musulmanes árabes y del profeta Mahoma. Esto significa que, en realidad, los judíos y los musulmanes son primos. Sería bueno para la paz en el Próximo Oriente que se pensara siempre en ello.

Las ciudades de La Meca y Medina son muy sagradas para los musulmanes. Todo musulmán debe hacer un viaje de peregrinación, por lo menos una vez en la vida, a la Meca. Un viaje de peregrinación no es un viaje a la playa o a Disneylandia, sino a un lugar sagrado.

Actualmente viven cerca de mil millones de musulmanes en el mundo, cinco de ellos en los Estados Unidos de América. La mayoría de las personas creen que todos los musulmanes son árabes, pero solamente uno de cada cinco musulmanes es árabe.

Lo que a nosotros nos parece muy triste es que algunas personas solamente se enteran del Islam o de los musulmanes cuando oyen hablar de bombardeos o secuestros de aviones realizados por personas locas, que son musulmanes y que, incluso, en sus acciones hacen referencia a su condición de musulmanes. Por eso, hay personas que tienen miedo del Islam o de los musulmanes, pero ese miedo es totalmente injustificado. El Islam educa a las personas para que sean buenas. Tiene un montón de preceptos sobre cómo deben comportarse los musulmanes creyentes. Por ejemplo, no fuman ni beben alcohol.

Los musulmanes viven según muchas buenas reglas y ninguna de esas reglas aprueba que los musulmanes maten a otras personas. Los musulmanes que hacen daño a otras personas no actúan como musulmanes, sino simplemente mal y van contra los mandamientos del Islam. En todas las religiones hay locos (nosotros lo sabemos porque vienen a hablar con nosotros), pero no es la religión lo que ha vuelto loca a esa gente. Su locura y su fanatismo tiene otros motivos.

6

¿Quiénes son los grandes maestros?

Recordemos: En todas las religiones hay maestros, pero verdaderamente famosos maestros solamente aparecen en determinadas religiones. Las religiones en las que todo el mundo puede entrar tienen, por lo general, un maestro famoso, mientras que las religiones tribales, a las que se pertenece debido al origen de la persona, muy raramente lo tienen; a pesar de que el judaísmo y el hinduismo tienen maestros tan famosos como Moisés y Krishna, ambas religiones se basan más en las enseñanzas de una tribu que en las de un maestro. Por otro lado, el budismo, el cristianismo y el Islam son tres religiones mundiales abiertas, cuya procedencia está relacionada con maestros famosos: Gautama Buda, Jesucristo y el profeta Mahoma no sólo han participado en la extensión del budismo, cristianismo e Islam, sino que fueron sus fundadores. Aquí están sus biografías:

Buda

Buda dijo que él era un guía y no un dios, lo que a veces sorprende a uno cuando ve a los budistas orar ante las estatuas de Buda. Los budistas creen que en el nacimiento de Buda los ciegos pudieron ver, los tullidos andar, los tigres dejaron de rugir y de bufar y el sol brillaba en todo el mundo. Por eso, resulta tan difícil creer que Buda solamente haya sido un guía.

Los budistas tratan a Buda como a un dios, a pesar de que, como ya hemos indicado, ellos solamente conocen enseñanzas y no un dios. En algunos centros de oración de los budistas, llamados *templos* o *pagodas*, se conservan reliquias de Buda. Una reliquia es una parte del cuerpo de un santo que las personas custodian cuidadosamente en un determinado lugar. A ese lugar van creyentes para rezar y estar más cerca de la persona santa. Una pagoda en Sri Lanka afirma poseer un diente de Buda (naturalmente sin caries) y se conoce con el nombre de «El Templo del Diente Sagrado». Y en Rangún, la capital de Myanmar (la antigua Birmania) hay una pagoda donde se conservan varios cabellos de Buda, a pesar de que resulta sorprendente, ya que la mayoría de las estatuas muestran a un Buda calvo.

Por todo el mundo, se encuentran estatuas de Buda. Si uno sabe diferenciar entre esas estatuas, se puede deducir de su forma el lugar de donde proceden. En el sur de Asia y en la India, Buda es representado, generalmente, gordo y rechoncho y las representaciones japonesas de Buda frecuentemente tienen hombreras aparatosas. Pero, independientemente de lo diferentes que sean, todas ellas son estatuas de Buda y demostración del amor y la veneración que los budistas sienten por este gran sabio y maestro.

El nombre de Buda no era Buda como tampoco Jesús se llamó Cristo. Buda y Cristo no son nombres, son títulos, como el de general, presidente o rey. Buda significa «el despierto» o el «iluminado». El verdadero nombre de Buda fue Siddhartha Gautama, de la estirpe de los Shakyas. Siddhartha nació en las montañas de Nepal, al norte de la India. Su padre fue un acaudalado rey y su madre una reina (lo que normalmente sucede cuando el padre es rey). Siddhartha recordaría más tarde haber llevado ropa de seda y haber sido protegido del sol o de la lluvia por criados con paraguas. Incluso su elefante llevaba silla de plata.

Cuando tenía dieciséis años de edad, se casó con la princesa de un reino vecino, que atendía al nombre de Yasodhara. Siddhartha Gautama y Yasodhara tuvieron un hijo, de nombre Rahula. Al principio, todo fue bien. Sin embargo, cuando Siddhartha andaba por la veintena de edad sucedió algo extraño. De pronto, Siddhartha sintió que todo el lujo no le hacía feliz y cuando quiso abandonar su existencia de príncipe y su casa, su padre se preocupó mucho. Para evitar que Siddhartha se marchara, le compró aún más cosas maravillosas, en las que él debería encontrar alegría, y dejó que le construyeran nuevos palacios, en los que debía vivir. Incluso el rey ordenó que ni enfermos ni viejos estuvieran cerca de su hijo. Quería que su hijo viera solamente personas bellas, felices y sanas. Pero, independientemente de lo que el padre hizo, nada pudo retener a Siddhartha.

La «Leyenda de las Cuatro Visiones», las historias budistas más famosas, nos cuentan qué sucedió después: Un día, cuando Siddhartha paseaba se encontró con un anciano desdentado, de barba canosa que, con la espalda encorvada, se apoyaba en un bastón. Ese día, Siddhartha supo lo que era la vejez. Al día siguiente, vio durante su paseo a un hombre enfermo postrado al lado del camino y entonces supo que el mundo estaba también lleno de enfermedades. En un tercer paseo, Siddhartha vio, por primera vez en su vida, a una persona muerta y así conoció la muerte. En su cuarto paseo, Siddhartha se encontró con un monje. El monje llevaba puesta una túnica marrón y su cráneo estaba afeitado. Como quiera que personas como aquel monje habían decidido no poseer nada, excepto su escudilla y vivir austeramente, el monje sostenía su escudilla en la mano para pedir limosna. Ese día, Siddhartha supo que había personas que se desprendían de todas las cosas mundanas. Esto es lo que él aprendió de sus Cuatro Visiones: *¡El mundo está lleno de enfermedades, vejez y muerte!* Y así se preguntó: *¿Dónde encuentro un mundo en que no haya ni enfermedad, ni vejez ni muerte?*

El resto de su vida lo pasó a la búsqueda de ese mundo, un mundo en el que nadie enfermara o envejeciera y en el que nadie muriera. Entonces, una noche, tenía 29 años, ensilló su corcel y cabalgó hasta alcanzar el borde del bosque. Allí entregó el caballo a su criado, que debía devolverlo al palacio y comunicar a su mujer y a su hijo que Siddhartha se había marchado para encontrar la *iluminación*. Con otras palabras: Se había marchado para descubrir qué era lo que importaba verdaderamente y qué no.

Durante seis años, Siddhartha caminó por el bosque, con el cráneo rapado y envuelto en harapos. Durante el último tiempo en el bosque, se unió a algunos maestros hindúes, llamados *yoguis*, para aprender todo sobre el hinduismo. Pero finalmente tuvo que comprobar que aquellos yoguis todavía seguían aferrados a las cosas terrenales y a los millones de dioses, a los que rezaban, y así los abandonó de nuevo.

No encontró la iluminación entre los hindúes.

La siguiente etapa de su viaje lo llevó a los *ascetas*, personas que no comían nada y hacían todo para que el cuerpo estuviera débil y la cabeza libre para poder pensar sobre todas las cosas. Siddhartha aprendió a alimentarse con seis granos de arroz al día y se volvió tan delgado que podía notar su columna vertebral si apretaba el vientre. Casi se muere de desnutrición, pero fue salvado y se dio cuenta de que era ingenuo vivir de seis granos de arroz al día, pues aquello le había vuelto hambriento y lo había debilitado en lugar de hacerlo sabio.

Tampoco encontró la iluminación entre los ascetas.

Una noche de mayo, Siddhartha estaba sentado en Gaya, una ciudad al nordeste de la India, bajo un árbol de mostaza y meditaba sin hacer el más mínimo movimiento.

Cuando el dios malo Mara vio que Siddhartha estaba a punto de alcanzar la iluminación, intentó sacarlo de su quietud y desviar su atención presentándole mujeres deslumbrantes y tocando melodías conmovedoras. Pero sin éxito. Siddhartha no bailaba. Por eso, el dios malo intentó asustar a Siddhartha. Sin embargo, él no se inmutó. Las espadas y flechas que Mara arrojaba contra Siddhartha para matarlo se transformaron, antes de alcanzar a Siddhartha, en pétalos de flores. Siddhartha rozó la tierra con un dedo y entonces comenzó a tronar y la tierra retumbó y Mara huyó corriendo.

El árbol de la mostaza (al que muchos budistas llaman también el árbol Bo) floreció de un rojo brillante y, de pronto, —¡bang!— sucedió: ¡Siddhartha fue iluminado! Siddhartha se convirtió en Buda. Se dio cuenta de las verdaderas interrelaciones en el universo y comprendió todo. El malo Mara regresó donde estaba Siddhartha y se rió de él: «¡Enhorabuena!

¡Ahora ya has encontrado tu iluminación! ¡Estupendo! Pero deja que te diga una cosa: Lo que tú has descubierto es tan insondable que *nadie* en el mundo será capaz jamás de comprenderlo. Podrías, de la misma manera, desintegrarte en el aire ya que *jamás* podrás hablar de ello con nadie».

Esto, pues, dijo Mara y, por primera vez, sus palabras entristecieron a Buda. Pensó brevemente y después le dijo a Mara: «¡Siempre habrá personas que lo entiendan!».

Jesús

Los cristianos creen que Jesús fue Dios, pero también creen que Jesús fue un carpintero judío. Estas dos particularidades en Jesús hacen que su vida sea tan importante y, a la vez, difícil de entender. En los primeros tres, cuatro siglos, los cristianos no se ponían de acuerdo si Jesús fue más Dios o más persona o ambas cosas. Lo más importante, sin embargo, es que Jesús fue distinto a todas las personas que jamás hayan vivido.

El Jesús hombre solamente tenía treinta y tres años cuando fue asesinado por los romanos. Tuvo que morir porque eran demasiadas las personas que le amaban y seguían sus enseñanzas. Pero Jesús no sólo fue amado por las personas, también lo consideraban el Mesías. El Mesías es alguien enviado por Dios para vencer el mal en el mundo, para traer la paz y liberar al mundo de sus pecados.

Pecar quiere decir alejarse de Dios. Los pecados son las injusticias que cometemos. Judíos, cristianos y mahometanos, todos ellos creen esto. Pero los cristianos creen además que el primer pecado fue cometido por Adán y Eva en el paraíso. Dios había prohibido a Adán comer los frutos de un árbol determinado, pero a pesar de ello, Adán y Eva lo probaron. Por culpa de ese pecado fueron arrojados del paraíso. Los cristianos creen que ese pecado fue tan espantosamente grande que todas las personas que vivieron después tenían que cargar con la culpa. La muerte de Jesús y su posterior regreso a la vida borró, según la creencia cristiana, el pecado de Adán y dio esperanza a las personas de que Dios estaba de nuevo con ellas.

El retorno de Jesús a la vida, después de que los romanos lo crucificaran, se llama *resurrección*. Los cristianos creen que Jesús resucitó a los tres días de estar muerto. Jesús fue asesinado un viernes y el mismo día fue enterrado en una cueva, que fue cerrada con un gran peñasco. El domingo, el peñasco de delante de la entrada de la cueva había sido retirado y el cadáver de Jesús había desaparecido.

En los catorce días siguientes, Jesús fue visto por sus seguidores en distintos lugares y a diferentes horas. Personas como María Magdalena lo vieron. Dos amigos de Jesús lo reconocieron en un viaje a la ciudad de Emaús. Los discípulos, sus amigos más íntimos, se reunieron con él. Se llamaban Pedro, Santiago, Juan, Andrés, Mateo, Tomás, Felipe, Bartolomé, Simón, Tadeo y otro Santiago, hijo de Alfeo. En lugar de Judas, que había traicionado a Jesús, se había incorporado Matías. Los discípulos fueron las últimas personas a las que Jesús habló antes de regresar al cielo.

Jesús fue el hijo de José y María. Antes de su nacimiento, un ángel de nombre Gabriel (el mismo ángel que, según las creencias musulmanas entregó el Corán a Mahoma) visitó a María y le anunció que tendría un hijo de nombre Jesús, que no procedería de José sino de Dios. José reconoció que había sucedido un gran milagro y atendió lo mejor que pudo a María y a Jesús.

Cuando se acercaba el momento en que María iba a dar a luz, José y María viajaron a la ciudad de Belén. Como quiera que no quedaba sitio libre en las posadas (y todos los hoteles y moteles estaban completos), Jesús nació en un pesebre. Vinieron pastores y tres sabios a ver a Jesús y trajeron regalos para el niño. Le regalaron oro, incienso y mirra. Y además aquella noche en la que nació Jesús se encendió una maravillosa estrella en el cielo.

No hay muchos relatos sobre la niñez de Jesús, pero seguro que María y José no tuvieron que pedirle mil veces que ordenara su habitación o que sacara la basura. En uno de los relatos, se dice que, a la edad de doce años, Jesús viajó con sus padres a Jerusalén. Los padres lo perdieron de vista un momento, ya que María creía que estaba con José y José creía que estaba con María. Finalmente, lo descubrieron en el templo, donde estaba escuchando a los sacerdotes y les hacía preguntas. Todo aquel que habló con él, notó inmediatamente que Jesús era un chico que estaba muy cerca de Dios.

Jesús predicó sus enseñanzas por todas partes. Predicó en sinagogas, en el campo y en las colinas. El Sermón de la Montaña es uno de los más importantes que impartió en una colina, en Galilea, en el norte de Israel. Allí, Jesús explicó que Dios ama a los pobres tanto como a los ricos, (si no más). Predicó que no tenemos que cantar nuestras excelencias, sino que tenemos que ser modestos y sumisos. Nos enseñó a ayudar a los necesitados. Enseñó a las personas a vivir en paz y a perdonar las faltas de los otros.

También nos enseñó a esforzarnos por la justicia y la honradez y a dejarnos guiar siempre por el bien. Pero, sobre todo, nos enseñó a perseverar, porque aunque nuestros esfuerzos fueran inútiles en la tierra, serían recompensados en el cielo.

Jesús podía contar historias maravillosas. A esas historias se las llama *parábolas*. Las parábolas no solamente son buenas historias, sino que nos enseñan también a vivir correctamente y a hacer el bien. Aquí están algunas de las mejores parábolas de Jesús:

– Él contó la historia de un padre que tenía como hijo a un poseso. En lugar de repudiar al hijo, el padre le ayudó a ser una persona respetable. Esta historia nos enseña que jamás debemos abandonar a nuestra familia.

– Contó una historia sobre un pastor que salió a buscar una oveja descarriada, a pesar de que el resto del rebaño estaba completo. Esto nos enseña a no abandonar jamás a alguien porque Dios no nos abandona jamás.

– Contó una historia sobre un buen samaritano. En aquel tiempo, las personas, a las que hablaba Jesús, consideraban a los samaritanos como personas malas, pero Jesús les explicó que aquel samaritano era una buena persona porque se había detenido en su camino para ayudar a alguien, aunque no estaba obligado a hacerlo. Esta historia nos enseña a ayudar a las personas necesitadas.

Cada una de esas historias ayudaban a sus seguidores a quedarse mejor con la enseñanza, como hacen los maestros.

Cuando Jesús tenía aproximadamente treinta años, visitó a su primo Juan, que era llamado por todos Juan el Bautizador. Jesús se metió en el agua y pidió a Juan que lo bautizara según los ritos acostumbrados. En ese momento, se abrió el cielo y el espíritu de Dios descendió y anunció a todas las personas en el río: «Éste es mi hijo bien amado, en Él me complazco».

Aquello fue más que suficiente para convencer a Juan y a todos los demás de que Jesús no era una persona como las otras. Y también Jesús averiguó de esa manera que él había sido elegido por Dios para algo especial. De la misma forma que Buda y Moisés habían caminado por el desierto para hacerse fuertes y purificarse, así también Jesús fue al desierto a rezar y a ayunar durante cuarenta días. Después regresó al mundo, dispuesto a hacer lo que Dios esperaba de él.

Durante los tres años siguientes, Jesús dio a conocer sus enseñanzas, realizó milagros y demostró a la gente que Dios es amor. Sus seguidores afirmaban que Jesús era el Mesías, lo que enfureció a los gobernantes judíos. El judaísmo enseña que el Mesías trae la paz para todo el mundo y, como quiera que Dios no lo había hecho, no podían creer que él fuese el Mesías. Cuando Jesús anunció además que el templo sería destruido, provocó que también los sacerdotes judíos que trabajaban en el templo, se levantaran contra él.

Lo que a los gobernantes romanos les molestaba de Jesús era que sembraba intranquilidad por todas partes. Pedía a sus seguidores que se negaran a prestar servicio en el ejército y a matar a las personas. Reprobaba a los ricos y anunciaba que los pobres entrarían antes en el cielo. Profetizaba que el imperio romano, a diferencia del imperio divino, no duraría siempre. A pesar de que Jesús ganaba seguidores en todas partes, también se hacía enemigos y sus enemigos eran muy poderosos. Querían liquidarlo. Teniendo en cuenta los influyentes enemigos que Jesús tenía, no fue ningún milagro el que, finalmente, fuera detenido y asesinado.

La muerte de Jesús es un punto muy delicado entre algunos judíos y cristianos. El problema es que, en el transcurso del tiempo, solamente se echó la culpa a los judíos de la muerte de Jesús. Eso pudo suceder así porque el cristianismo se convirtió, en el año 325, en la religión de estado del imperio romano. Eso hizo muy difícil para los romanos asumir la responsabilidad en la muerte de Jesús, pero sí fue fácil echarles la culpa a los judíos.

Lo que después sucedió fue muy triste. Cada vez más niños fueron educados en la creencia de que los judíos habían matado a Jesús. El odio a los judíos anidó profundamente en algunos cristianos, de la misma forma que en algunos blancos se fijó la idea de que los negros son peores que los blancos. Lamentablemente, los malos pensamientos se pueden introducir en las personas tan profundamente como los buenos.

Cuando se llegó al holocausto, fueron asesinados millones de judíos, pero posteriormente la situación comenzó a cambiar. Muchos cristianos empezaron a comprender que era un error echarles la culpa a los judíos de la muerte de Jesús. Se dieron cuenta de que Jesús había enseñado a las personas a amarse unas a otras y comenzaron a comprender que la exhortación a odiar a los judíos había conducido al holocausto.

De todos los guías y maestros religiosos que siempre ha habido, ninguno tuvo, ni siquiera aproximadamente, tantos seguidores como Jesús. Los cristianos creen que Jesús regresará por segunda vez a la Tierra para completar aquello que no tuvo tiempo en la primera vez. Todos los cristianos esperan firmemente el regreso de Jesús.

Mahoma

Mahoma fue un profeta. Los musulmanes creen que fue el último profeta, el último enviado de Dios. Lo que significa que Mahoma ni fue Dios ni Dios hecho hombre. Los musulmanes no se imaginan a Mahoma como los budistas se imaginan a Buda o los cristianos a Jesús. Mahoma se parece más a Moisés y a los otros profetas de la Biblia Hebrea. Fue una persona que recibió un mensaje especial de Dios y que transladó ese mensaje a todo el mundo. Los musulmanes enseñan que Mahoma era una persona perfecta, pero solamente una persona y no un dios.

Mahoma nació en la Meca hacia el 570 d.c. Su padre Abdullah murió antes de que él naciera y su madre Amina cuando él tenía solamente seis años de edad. Inicialmente, se crió bajo la protección de su abuelo Abdul Muttalib y más tarde con su tío Abú Talib. Mahoma vivió en el desierto con los beduinos árabes. Era respetado por todos y confiaban en él y se le llamaba *al-amín*, «el fiel».

A los veinticinco años, Mahoma se casó con una viuda rica, quince años mayor que él, llamada Jadicha. Ella le cedió la conducción de su caravana a Siria. En ese trabajo, Mahoma tenía suficiente tiempo para pensar en Dios, cada vez más detenidamente. A las personas que les gusta reflexionar sobre Dios, se les llama en árabe *hanifs*.

También Mahoma, como Moisés y Jesús, se encontró a Dios cuando se fue solo al desierto. Mahoma se encontraba en una cueva en la montaña de Hira, en las proximidades de la ciudad de la Meca, cuando el ángel Gabriel lo visitó y le exigió: «¡Lee!». Mahoma le explicó que no sabía leer, pero, a pesar de ello, el ángel se lo siguió exigiendo.

A Mahoma le entró miedo porque un ángel se había dirigido a él, pero su mujer Jadicha lo tranquilizó. Le explicó que él era un hombre bueno y que podría ser un magnífico profeta y que debería hacer lo que Alá esperaba de él, pues Alá estaría a su lado.

Así les sucede a muchos profetas. También Moisés había tenido miedo y no quiso seguir la llamada de Dios. Quizá solamente uno se hace profeta si no lo quiere ser. La cosa comienza, en la mayoría de los profetas, mal. Poco después de que Mahoma fuera proclamado profeta de Dios, murieron su mujer y su tío. También fueron perseguidas las personas que lo consideraban un profeta. El mensaje de Mahoma era que las personas no deben arrodillarse ante las imágenes de Dios. Enseñó que solamente hay un verdadero Dios y que estaba prohibido hacerse una imagen de Dios. Los idólatras y los fabricantes de imágenes se enfadaron mucho con él. Los diez años siguientes fueron terribles.

Mahoma se fue a vivir a una pequeña ciudad, de nombre Medina, al norte de la Meca. Inicialmente, ese lugar se llamó Yathrib, pero más tarde y debido a que Mahoma vivió allí, pasó a llamarse Medina al-Nabi, que en árabe significa «ciudad del profeta». También se la conoce con el nombre de Medina al-Rasul, «Ciudad del Enviado». Como quiera que ese nombre resultaba demasiado largo, se abrevió en Medina. Al translado de Mahoma de la Meca a Medina se le llamó *hégira* y el año en el que tuvo lugar, es el año uno del calendario musulmán.

En Medina, Mahoma se fue rodeando cada vez de más gente, que lo consideraban el profeta de Alá. Mahoma tuvo que luchar contra ejércitos enemigos procedentes de la Meca y pudo vencerlos, a pesar de que su ejército era mucho más pequeño. Prosiguió con su victoriosa marcha hasta que la totalidad de la península arábiga fue musulmana. Pero incluso cuando todo le salía bien a Mahoma, él continuó llevando una vida sencilla. Vivía en una casa de adobe, ordeñaba sus cabras y vestía una sencilla túnica de paño barato.

Durante veintitrés años, hasta su muerte, Mahoma recibió mensajes del ángel Gabriel. Una noche, el ángel se llevó a Mahoma con él a la ciudad de Jerusalén, desde donde ascendió al cielo montado en su caballo al-Barak. Esa ascensión demostró a todos sus partidarios que Mahoma era el profeta elegido por Dios.

Poco antes de su muerte, Mahoma regresó a la Meca. Ese regreso se conoce con el nombre de *hajj* y es realizado por todos los musulmanes. Un musulmán que haya hecho su viaje de peregrinación a la Meca cambia de nombre. Delante de su nombre, lleva el título de *al haj*, para demostrar que ha estado en la Meca. El título es un distintivo de orgullo, honor y amor.

Mahoma enseñó que las personas tienen que entregarse completamente a Dios. Enseñó que todo pertenece a Dios y que nosotros tenemos que ser fieles siervos de Dios. Para Mahoma, la entrega total a Dios tenía muchos significados. Significaba seguir la ley de Dios contenida en el Corán. Esa ley se llama *al-shariah*, que quiere decir «el camino». (La religión judía llama *halacha* a la ley divina, que significa también «el camino»).

La ley se crea desde el deseo de dar las gracias a Dios. Los musulmanes creen que todo pertenece a Dios y que, por eso, nosotros estamos en una deuda profunda con Dios. El Islam es, para los musulmanes, el camino para dar las gracias a Dios y para mostrarnos agradecidos por todas las bendiciones recibidas. En el Corán aprendemos: «Dios es el rico y nosotros los pobres».

Mahoma enseñó también a los musulmanes a mantenerse unidos porque la unión de todos los musulmanes del mundo sería de incalculable importancia. La comunidad árabe del mundo se llama en árabe *umma*. Fortalecer la umma y mantenerse estrechamente unidos a ella es, basándose en la enseñanza de Mahoma, muy importante para los musulmanes. También enseñó Mahoma que todas las personas, independientemente de su procedencia y del color de su piel, deben ser recibidas en el Islam con los brazos abiertos. El racismo es incompatible con las enseñanzas de Mahoma y por eso uno encuentra musulmanes de todos los colores de piel en todos los países.

Mahoma murió en la ciudad de Medina en el año 632. Cada vez que los musulmanes pronuncian su nombre, añaden «la paz sea con él». No es precisamente poco si, diariamente, mil millones de personas pronuncian con todo el amor el nombre de otra persona.

7

¿Cómo se llaman los escritos sagrados?

Los escritos sagrados de las religiones del mundo cumplen dos funciones. Primero, nos comunican lo que los grandes maestros han llegado a conocer sobre Dios, lo que es importante porque los maestros saben más sobre Dios que nosotros y dependemos de su sabiduría. Segundo, a través de los escritos sagrados, vemos a Dios. Los escritos sagrados son como gafas, con cuya ayuda reconocemos las cosas en el mundo, que, de lo contrario, pasarían desapercibidas para nosotros. Si nos fijamos en las personas, sin conocimientos de esos escritos, vemos solamente personas, pero si nuestra mirada es dirigida a las personas a través de los escritos, entonces cada persona es algo especial y merecedora de nuestro amor y consideración.

Los escritos sagrados son importantes, pero no todos enseñan las mismas cosas. Hay que leerlos todos y compararlos para encontrar las coincidencias y divergencias. Nosotros solamente queremos presentar aquí algunos de esos libros que leen millones de personas desde hace miles de años para saber algo sobre Dios, sobre el mundo y sobre unos y otros.

Los Vedas

Los escritos sagrados de los hindúes están escritos en sánscrito. El sánscrito se ha desarollado a partir del védico, una antigua lengua de Persia (hoy Irán). El pueblo védico se introdujo hace aproximadamente seis mil años en la India y trajo su lengua y sus historias. Esas historias, que hablan de innumerables dioses, se convirtieron en los primeros y más importantes escritos sagrados del hinduismo. La mayoría de las historias fueron escritas como poesías o canciones, porque resulta más fácil recordar una canción que solamente palabras. Las canciones hindúes más antiguas se llaman Rig-Veda, Sama-Veda, Yajur-Veda y Atharva-Veda. Son los escritos sagrados más antiguos de los hindúes.

Cada uno de esos libros está subdividido en cuatro partes: *samhitas* son canciones que son cantadas durante la meditación o la oración; *brahmanas,* son textos que son recitados por los sacerdotes hindúes y *arinyakas* son historias de personas que viven en los bosques. La parte más importante del libro es la última llamada *Upanishad.* Los upanishads contienen las enseñanzas más profundas y la sabiduría más grande.

Todos esos libros forman conjuntamente los Vedas. Es lo mismo que en la Biblia, donde muchas partes son recogidas conjuntamente bajo un nombre. Los hindúes tienen un método magnífico para enseñar los Vedas. Los cantan y enseñan también a sus hijos a cantarlos porque saben que es más fácil retener una canción que el contenido de una hora de clase. Para aquel que esté interesado en los principales pensamientos de los Vedas, hay un libro llamado Brahmasutra.

Los Vedas no son los únicos escritos sagrados de los hindúes. Son solamente los más antiguos. Otros dos libros muy importantes para el hinduismo son el Ramayana y el Mahabharata. El Ramayana trata sobre el dios Rama, de su nacimiento, infancia y aventuras. El Mahabharata cuenta la historia de una estirpe llamada Kaurava. Esta estirpe fue atacada, pero gracias a la ayuda del dios Krishna salieron indemnes. Ambas historias deben ayudarnos a diferenciar entre lo correcto y lo falso.

El escrito sagrado más importante del hinduismo actual es el Bhagavad-Gita, que quiere decir «el canto del Señor». El Gita pertenece al Mahabharata y describe la conversación entre el héroe Arjuna y el dios Krishna, que había tomado forma humana para dirigir el carro de combate de Arjuna. Arjuna tomó parte en la batalla de Kurukshetra (se pronuncia diez veces seguidas con la boca llena de patatas fritas) y le preocupaba la idea de tener que matar a personas en la batalla. Sin embargo, Krishna le explicó que él, como miembro de la casta de los guerreros, no tenía otra alternativa que luchar. Pero el Gita es mucho más que una epopeya bélica. Es la historia de cómo alcanzar el *moksa* o la liberación de todas las cosas mundanas.

La Biblia Hebrea

Recordemos: Algunas personas la llaman Antiguo Testamento, pero como quiera que los judíos, para quienes ese escrito significa tanto, no la consideran «antigua», prefieren llamarla Biblia Hebrea.

La Biblia Hebrea consta de tres partes principales: La primera parte se llama Torah y contiene cinco libros diferentes: Génesis, Éxodo, Levítico, Números y Deuteronomio. En cada sinagoga, se encuentra un rollo de pergamino con esos cinco libros de la Torah. En cada uno de los extremos del rollo, está sujeta una barra de madera. Por cierto, el rollo completo mide más de treinta metros y, por eso, para su conservación, es enrollado en las barras. Para confeccionar una Torah hay que coser, una tras otra, una buena cantidad de pieles de oveja o encontrar una oveja gigante.

La Torah está escrita en hebreo y el hebreo, al contrario que el español, se escribe de derecha a izquierda. El texto de la Torah está escrito en tinta negra hecha de moras y es utilizada una pluma para escribir las letras sobre la piel de oveja, previamente teñida de blanco con el fin de que las letras negras destaquen más.

Los judíos leen los cinco libros de la Torah; cada semana leen un texto en los oficios divinos del sábado, lunes y jueves, de forma que al final del año hayan leído los cinco libros.

¿Qué dice la Torah? El libro del Génesis (en hebreo *beresheet)* trata de cómo Dios creó primero la tierra y después al hombre y cómo posteriormente todo se desarrolló miserablemente, por lo que Dios inundó la tierra y solamente salvó a Noé y a una pareja de cada especie animal (más los correspondientes parásitos). Después aparecieron Abraham y Sara, seguidos de su hijo Isaac y la mujer de Isaac, Rebeca, con los gemelos Jacob y Esaú. Uno de los trece hijos de Jacob fue José, quien recibió un abrigo de colorines de sus padres, lo que molestó tanto a sus hermanos que terminaron por venderlo como esclavo a Egipto. Sin embargo, allí José consiguió tener éxito y, al final del Génesis, salvó a su familia de morir de hambre.

El libro del Éxodo (en hebreo *shmot)* comienza con Moisés, quien, pese a ser judío, creció como príncipe en el palacio del faraón. Gracias a unos cuantos grandes milagros que Dios permitió que llevara a cabo (la plaga de los mosquitos, la separación del Mar Rojo, de forma que todos pudieran atravesarlo sin mojarse los pies), Moisés consiguió sacar al pueblo judío de Egipto. Condujo al pueblo a las montañas de Sinaí, donde recibió de Dios las tablas de los diez mandamientos y otras leyes.

El tercer libro de la Torah, el Levítico (en hebreo *vayikra)* contiene algunos magníficos pasajes, pero también algunos, sinceramente, bastante aburridos. En el Levítico está, junto con el mandamiento de amar a nuestro prójimo como a nosotros mismos, una gran cantidad de leyes, que nos exigen dar de comer al hambriento y ayudar a la gente que tiene que dormir en la calle. Pero el Levítico también contiene una antigua ley de sacrificios, que actualmente nos parece más bien extraña. Sacrificios eran cosas que la gente llevaba a los lugares sagrados para dar las gracias a Dios y alimentar a los sacerdotes. Esos sacrificios podían ser empanadas de carne o palomas, pero a veces también vacas y cabras.

El Levítico contiene también leyes que determinan lo que está permitido comer –alimentos *kosher* (puros)– y lo que no. Esas leyes todavía son seguidas hoy por muchos judíos. Según ellos, la carne es pura sólo si procede de un animal rumiante de dos pezuñas. Esto es, el cerdo, por ejemplo, es un animal de pezuña doble pero no es rumiante y, consiguientemente, no es un animal puro.

La palabra *puro* aquí quiere decir «apropiado» o «bueno para Dios». También los musulmanes se alimentan de forma kosher (No se les permite comer carne de cerdo), pero ellos lo llaman *hallal*. Para que un pescado sea puro tiene que tener aletas y escamas. Los barbos de río pertenecen a este grupo, pero las gambas son tabú. Un pájaro no puede ser un ave de rapiña, ya que entonces no será puro. Esto es, un pájaro que se alimenta de otros pájaros o peces no es puro. Los pollos y pavos son okay. Buitres, de nuevo, no. Pero, al fin y al cabo, un consuelo: Si no se está mal de la cabeza, ¿quién va a querer una sopa de buitre con fideos?

El libro de los Números (en hebreo *bamidbar*) es el cuarto libro de la Torah y, como el Levítico, contiene tantas cosas interesantes como aburridas. En el libro de los Números hay una bendición muy sencilla y bella: «El Señor te bendiga y te proteja; el Señor deje que su rostro te ilumine y sea piadoso contigo; el Señor alce su rostro sobre ti y te dé paz». ¡Qué magnífica bendición! Por el contrario, el rollo sobre los sacerdotes es bastante aburrido, porque actualmente ya no hay sacerdotes en el judaísmo.

El libro Deuteronomio (en hebreo· *devarim)* es el último libro de la Torah y una especie de resumen de las historias y leyes anteriores. Incluso se repiten de nuevo los diez mandamientos, para que nadie los olvide. El libro finaliza con la muerte de Moisés, que ha llevado al pueblo a Israel, después de caminar durante cuarenta años a través del desierto.

La segunda parte de la Biblia Hebrea contiene las enseñanzas de los profetas que vinieron después de Moisés. Los principales profetas que dieron nombre a los libros fueron: Josué, Samuel, Isaías, Jeremías, Ezequiel, Oseas, Joel, Amós, Abdías, Jonás, Miqueas, Nahum, Habacuc, Sofonías, Ageo, Zacarías y Malaquías. Además en esa parte de la Biblia, hay algunos libros históricos como Reyes (I y II) y Jueces, en los que se describe lo que sucedió después de que muriera Moisés.

La tercera parte de la Biblia Hebrea son los Escritos (en hebreo *ketubim)*. Esa parte contiene los libros más diversos. Hay algunos libros de profetas, como Daniel, Esdras y Nehemías; algunos libros históricos como Crónicas (I y II). Dos libros, el libro de Ruth y el libro de Esther, cuentan las historias de dos mujeres excepcionales y valerosas; hay además un libro de hermosos poemas de amor llamado el Cantar de los Cantares; el libro de los Proverbios, con una amplia colección de sabios refranes, que deben ayudar a tener las cosas bajo control; el libro del Eclesiastés, del rey Salomón, que era rico pero se aburría. Su historia nos recuerda a la que vivió Buda. El libro de Job es la historia de una persona honrada, a la que Dios puso duramente a prueba. Dios quería comprobar si Job se alejaría de él si le quitaba todas sus propiedades. Dios lo hizo, pero Job se mantuvo fiel a él. Y también tenemos el Libro de las Lamentaciones, un libro de una profunda tristeza sobre la destrucción de Jerusalén por los babilonios.

La parte más famosa de los escritos son los 150 Salmos. Los Salmos son poesías a Dios. Nos recuerdan que podemos hablar con Dios en cualquier momento, independientemente de que seamos felices o nos sintamos furiosos, solos o temerosos. Dios está siempre ahí para nosotros. El más famoso es el salmo 23. El que no lo conozca lo encontrará en la página 217 de este libro.

El Nuevo Testamento

El Nuevo Testamento consta de veintisiete libros, aunque, en realidad, sólo son cuatro clases de ellos.

La primera clase de libro en el Nuevo Testamento se llama Evangelio. Los Evangelios fueron escritos en griego y la palabra *evangelio* significa «buenas noticias», porque, efectivamente, las historias sobre Jesús son buenas noticias para todos los cristianos del mundo. Hay cuatro evangelios en el Nuevo Testamento: el de Mateo, el de Marcos, el de Lucas y el de Juan. Los Evangelios narran cosas de la vida de Jesús, de sus enseñanzas y de su muerte. También informan sobre importantes aspectos de esas historias, de la resurrección de Jesús tres días después de su muerte.

La historia de lo que les sucedió a los seguidores de Jesús después de su muerte y resurrección se narra en el libro llamado Los Hechos de los Apóstoles. Los Hechos de los Apóstoles pertenece a la segunda clase de libro en el Nuevo Testamento. Este libro cuenta lo que los dos apóstoles, Pedro y Pablo, hicieron por extender las enseñanzas de Jesús. También describe cómo los primeros cristianos compartían todo entre ellos.

La tercera clase de libro en el Nuevo Testamento consta de las Epístolas de los Apóstoles. Hay veinticinco. Algunas son extensas y otras breves. Eso dependía de lo que el escritor tenía que decir y cuánto papel tenía precisamente ese día a disposición. Hay una carta de Santiago, dos de Pedro, tres de Juan, una de Judas y una de los hebreos. Los remitentes no siempre son conocidos, pero las más antiguas e importantes proceden de Pablo. Pablo escribió a los romanos, a los corintios (dos cartas), a los galateos, a los efesios, a los filipenses, a los colosenses, a los tesalonicenses (dos cartas), a Timoteo (dos cartas), a Tito y a Filemón. No todos contestaron, pero Pablo era una persona amable y nada rencorosa.

La cuarta parte del Nuevo Testamento es llamada Apocalipsis, que quiere decir «revelación». El libro del Apocalipsis está lleno de historias de extraños sueños, batallas violentas, cifras de oculto significado, dragones, terremotos y misteriosas señales del futuro. El Apocalipsis describe cómo Jesús regresará a la tierra y acometerá una violenta y sangrienta guerra contra los malos y contra los dragones. Hay que saber, ciertamente, las atrocidades que en los primeros tiempos fueron realizadas contra los cristianos para comprender el significado de ese inquietante libro, pero, sea como fuere, significa que *siempre* se puede confiar en que Dios nos ayudará.

El Corán

El Corán fue escrito en árabe. La palabra *al-Qur'an* viene de la palabra árabe *kara* y significa «lectura».

Todo el Corán (que es más corto que la Biblia Hebrea y aproximadamente tan largo como el Nuevo Testamento) tiene 114 capítulos llamados *suras*. Las suras están subdivididas en dos grandes partes. Comienza con las suras que fueron escritas antes de la peregrinación de Mahoma a la Meca. La segunda parte contiene las suras aparecidas después de esa peregrinación. Los musulmanes creen que la totalidad del Corán le fue anunciada a Mahoma por el ángel Gabriel, que se lo leyó desde una gran roca en el cielo, el *lawh almahfuz*, en la que estaba escrita cada una de las palabras.

Algunas suras son largas, otras constan solamente de dos o tres versos. Las suras no son ni canciones, como los Vedas, ni prosa como gran parte del Nuevo Testamento. Las suras son una especie de poesías. Cuando son leídas en árabe, llama la atención su bello ritmo. Algunas de las suras tratan de personas que aparecen en la Biblia Hebrea: Abraham, Agar, Ismael y José, por nombrar unos pocos.

El mensaje del Corán dice que Dios, Alá, es único, que Dios creó el mundo y a las personas y que Dios exige obediencia de las personas. Aquel que hace lo que Dios ordena, va al cielo y el que no le obedece, al infierno.

Los musulmanes leen, párrafo por párrafo, la totalidad del Corán en el transcurso del año, lo mismo que los judíos, que distribuyen la lectura de la Torah a lo largo del año. En el Corán, no hay ninguna anotación que indique qué parte debe ser leída en qué día y en qué mes. Los musulmanes besan el Corán como los judíos hacen con la Torah y lo llevan siempre consigo, y antes de abrirlo para leer en él, tienen que prepararse y lavarse.

8

¿Dónde están los lugares sagrados?

Desde que existen las religiones, así pues desde hace mucho, mucho tiempo, las personas creen que Dios tiene sus lugares preferidos y que para encontrar a Dios hay que buscarlo allí. Esos lugares se encuentran en la cumbre de una montaña, en una cueva, en un árbol hueco o sobre una gran peña, cerca de los ríos o de los lagos, en valles o en los campos. Pero especialmente frecuente, el lugar estaba allí donde las personas creían poder encontrar a Dios, en una montaña. A veces, se construyeron edificios inusuales en las cercanías de esos especiales lugares.

A mucha gente le cuesta comprender por qué tiene que haber lugares sagrados, en los que uno se sienta especialmente cerca de Dios. Porque si Dios está en todas partes, ¿por qué se va a estar más cerca de Él en un determinado lugar? Quizá resulte más fácil de comprender si se piensa en sepulturas. Cuando muere una persona querida y es enterrada en el cementerio, el lugar de su tumba se convierte en un lugar sagrado. Ciertamente, el pensamiento en la persona muerta acompaña a uno a todas partes, pero los recuerdos son especialmente intensos delante de su tumba y, curiosamente, allí uno se siente más cerca de esa persona.

Un lugar sagrado para una religión es un lugar en el que a uno le parece que Dios está más cerca. A continuación queremos presentar algunos de esos lugares, considerados desde tiempos inmemoriales como lugares sagrados, como lugares en los que Dios está especialmente cerca de las personas.

Meca y Medina

Dos ciudades en la parte occidental de Arabia son los lugares sagrados de los musulmanes. En esas ciudades, Mahoma recibió de Dios la enseñanza con la que fue fundado el Islam. Ambas ciudades tienen un nombre común, se las llama *Haramain*, que significa «los dos lugares sagrados». Medina se encuentra aproximadamente a 180 millas al norte de la Meca, en el desierto de Arabia Saudí, y fue la ciudad de Mahoma. Cuando Mahoma murió y fue enterrado en Medina, muchos musulmanes visitaron su tumba.

La Meca se encuentra aproximadamente a 80 kilómetros del Mar Rojo, en el desierto de Arabia y es para los musulmanes todavía más sagrado que Medina.

Muchos musulmanes desean ser enterrados en la Meca, porque creen que, en esa ciudad, incluso la tierra es única y sagrada. Y cuando los musulmanes rezan en cualquier lugar del mundo, primero tienen que comprobar en qué dirección queda la Meca, con el fin de que, al rezar, se orienten hacia ella.

Lo más sagrado en la ciudad sagrada de la Meca es la Caaba. La Caaba es un edificio que ya se encontraba en la Meca mucho antes del nacimiento de Mahoma. Tiene aproximadamente doce metros de largo por tres de ancho y seis de alto. Los musulmanes creen que Adán, el mismo Adán que conocemos de la Biblia Hebrea, construyó la Caaba y que Abraham y su hijo Ismael la concluyeron. Los musulmanes están convencidos de que Ismael y su madre Agar están enterrados bajo la Caaba.

Actualmente la Caaba está recubierta de sedas y lana negra y rodeada por una franja con palabras del Corán. Esa envoltura se llama *kisva* en árabe y es cambiada cada año cuando los musulmanes, procedentes de todo el mundo, van a La Meca. Los peregrinos tienen que dar siete vueltas alrededor de la Caaba.

A muy pocas personas les está permitido entrar en el interior de la Caaba y, en realidad, a La Meca solamente se puede ir si se es musulmán. El piso y las paredes en el interior de la Caaba son de mármol. Hay además dos grandes piedras: una negra en el muro interior oriental y otra de granito procedente de La Meca.

Jerusalén

Jerusalén es una ciudad santa para los judíos, cristianos y musulmanes. Para los judíos y para los cristianos es la más santa de las ciudades. Para los musulmanes es la tercera, después de la Meca y de Medina.

Hace aproximadamente tres mil años, el rey David conquistó la ciudad en una guerra contra el pueblo de los jebuseos. La Biblia cuenta que el rey David convirtió la ciudad en la capital de Israel. El hijo del rey David, Salomón, hizo construir un gran edificio, el Templo, en la cima de la montaña Moria, porque según la creencia judía en ese lugar Dios había pedido a Abraham que sacrificara a su hijo.

Todo el templo era santo, pero algunas partes eran más sagradas que otras. El templo estaba rodeado por un gran muro, pero lo único que ha quedado actualmente es la parte inferior del muro occidental. Todavía hoy llegan judíos de todo el mundo a orar ante ese muro.

Según una enseñanza de las leyendas judías, todo el mundo es sagrado. Sin embargo, el país de Israel es el más sagrado del mundo. Todas las ciudades de Israel son santas, pero Jerusalén es la más santa. Todos los barrios de Jerusalén son sagrados, pero el barrio donde se conserva el arca con los diez mandamientos es el más sagrado. Toda el arca es sagrada, pero lo más sagrado es la parte del arca donde están los dos ángeles dorados, ya que desde ahí se puede ver el Espíritu de Dios. El arca de la alianza en hebreo se llama *mishkan*. Las únicas personas que pudieron mirar dentro del arca fueron Moisés, el rey David, el rey Salomón y quizá Indiana Jones.

En el interior del arca, se encuentran los fragmentos rotos de las leyes con los diez mandamientos, que Moisés rompió cuando vio que las personas no respetaban los mandamientos. Para los judíos, el lugar más sagrado del mundo está dentro de los muros, dentro del templo, dentro de ese espacio y dentro del arca dorada. Y, efectivamente, cuando hoy los judíos rezan a Dios, permanecen de pie durante toda la oración con el rostro vuelto en dirección a ese lugar sagrado.

Los judíos tuvieron verdaderamente mala suerte con el templo. Fue destruido en su totalidad en dos ocasiones. La primera hace aproximadamente 2.500 años por Nabucodonosor, rey de Babilonia (el actual Irak). Aproximadamente 70 años más tarde fue de nuevo reconstruido, pero el emperador romano Tito lo destruyó de nuevo.

Después de que el templo fuera destruido por segunda vez, no fue jamás reconstruido, ya que el califa musulmán Abdul Malik (un califa es un emperador musulmán) mandó construir, en el lugar donde se había levantado el templo, el Domo de la Roca (*qubbat al-sakra*), que casi todo el mundo ha visto en fotografías de Jerusalén. Es un hermoso edificio, coronado por una cúpula dorada. Abdul Malik lo mandó construir en aquel lugar primero porque allí, según la Biblia, Dios había puesto a Abraham. Y segundo porque, según el Corán, la roca donde fue probado Abraham sería la misma desde la que el profeta Mahoma habría ascendido al cielo.

Además el templo no podía volverse a reconstruir porque, según la enseñanza judía, solamente el Mesías lo puede reconstruir cuando regrese para traer la paz al mundo. La Montaña del Templo, como se le llama actualmente, es para los judíos lo más sagrado en la ciudad más santa del mundo.

También la Montaña del Templo está considerada por los cristianos como muy sagrada, pero para ellos no es el lugar más sagrado de Jerusalén. Hay otros lugares en Jerusalén y sus alrededores, entre ellos donde Jesús fue dado muerte y enterrado y donde resucitó de entre los muertos. Constantino hizo construir una iglesia en el lugar considerado como la tumba de Jesús. Ese templo se llama la Iglesia del Santo Sepulcro.

El río Ganges

El río Ganges (en hindi, *ganga*) es el lugar más sagrado para los hindúes. El Ganges transcurre a través de la India. Los hindúes creen que nace a los pies del dios Vishnú, corre, como la Vía Láctea, por el cielo y se filtra hacia la tierra a través de los cabellos del dios Shiva. En el lugar en que toca la tierra, se alza la montaña más alta del mundo, el Himalaya (donde se encuentra el Monte Everest). Después corre, desde las montañas, hacia la India.

Hardwar y Benarés son las dos ciudades más sagradas a orillas del Ganges, aunque Benarés es, con diferencia, la ciudad más sagrada para los hindúes. Es llamada *kasi*, «la ciudad de la luz». Otras dos ciudades sagradas a orillas del Ganges son Prayaga y Allahabad. Una ciudad sagrada recibe el nombre de *tirthas* y lo que la convierte en ciudad sagrada es la creencia de que un dios ha realizado algo excepcional en ella. En la India hay siete ciudades sagradas.

Los hindúes peregrinan a las ciudades sagradas y se bañan en las aguas sagradas del río sagrado. Mientras se bañan o se lavan en el río, dicen oraciones y, aunque el agua que están utilizando procede de otra fuente, ellos hacen como si viniera del Ganges.

En muchos casos, cuando los hindúes presienten que morirán pronto, van a Benarés, ya que Benarés es la ciudad de Shiva, el dios de la muerte. Una vez allí, esperan la muerte rodeados de sus familiares. Los hindúes creen que el dios Shiva susurra al oído del moribundo unas determinadas palabras que le permiten morir y ser liberados. Una vez muerto, los familiares queman los restos mortales (a este acto se le denomina *incineración*) y dispersan las cenizas en el Ganges. Con ello, el alma de los muertos se libera del mundo.

Tu propia casa

Un lugar sagrado no tiene por qué ser un impresionante edificio con una cúpula dorada, ni siquiera una tumultuosa corriente de agua. El propio domicilio es también un lugar sagrado. Cada religión muestra, a su manera, que una sencilla vivienda puede ser también un lugar santo.

Los judíos clavan una pequeña cajita a la derecha de la entrada de la casa o de la habitación. En esa caja, se encuentra un trocito de pergamino que contiene palabras de la Biblia Hebrea. La cajita se llama *mezuzah*. En algunas casas judías, el muro oriental de una habitación tiene una marca con el fin de que se sepa en qué dirección queda Jerusalén. Esa marca recibe el nombre de *mizrach*.

Los musulmanes colocan a la entrada de su casa la llamada *hamsin*, una mano abierta, por lo general de metal, de la que cuelgan un pez.

Los cristianos cuelgan una cruz en alguna o en todas las habitaciones de sus casas. A veces, es una sencilla cruz; otras, en la cruz está clavada una pequeña imagen de Jesús. A la cruz con la figura de Jesús se la llama Crucifijo.

Los hindúes tienen, con frecuencia, figuras hechas de madera o en forja de sus dioses. Se las llama *arcas*. Las arcas pueden estar fuera o dentro de la casa y sus habitantes les llevan regalos.

Por su parte, los budistas tienen en sus casas distintas estatuas de Buda, que son colocadas allí donde la familia se reúne para rezar.

9

¿Qué días festivos hay?

El problema del tiempo es que pasa demasiado rápido. Antes de que uno se dé cuenta, el verano se ha convertido en otoño y el otoño en invierno y entonces viene de nuevo la primavera y el verano. Uno de los motivos por los que las personas tienen religión es que con las religiones se puede retener mejor el tiempo.

Las religiones retienen el tiempo primero porque declaran unos días del año como especiales y, segundo, porque destacan especialmente algunos días en nuestras vidas.

Los días especiales del año

Los días festivos son días normales que son declarados como especiales, esto es festivos, por una religión. Si se piensa un poco, el 25 de diciembre no es nada especial. Es un día totalmente normal a finales de diciembre, que viene después del 24 y antes del 26. Sin embargo, cuando el 25 de diciembre fue declarado por el cristianismo como el día de Navidad, a partir de ahí fue, naturalmente, un día muy especial para los cristianos. La religión cristiana convirtió un día totalmente normal en un día festivo y, con ello, les regaló a todos los cristianos un trocito de tiempo con el que poder alegrarse, un tiempo que puede alejarles del cada día y que les dice: «Este tiempo maravilloso es algo especial que nos recuerda a todos las cosas buenas que tan fácilmente olvidamos otros días».

Como todos sabemos, hay días festivos que no tienen absolutamente nada que ver con la religión. Son fiestas nacionales, por ejemplo, el 12 de octubre o día de la Hispanidad, el 6 de diciembre o día de la Constitución, etc. Hay además fiestas locales; se festeja el día de tu comunidad autónoma, así como el primero de mayo, el día de la madre, el día del padre, el día de los no fumadores.... Los días de fiesta nacional, como por ejemplo el 4 de julio en Estados Unidos y el 14 de julio en Francia, son celebrados con grandes desfiles, fuegos artificiales, parrilladas y, a veces, con ofertas especiales en determinados comercios.

Los días festivos son una buena oportunidad para comer con la familia tranquilamente o con amigos y después de la comida se puede corretear y jugar, mientras los adultos charlan o se echan una siestecita en el sofá. Los días festivos nos ofrecen la posibilidad de reconfortarnos espiritualmente. Cuando estamos juntos durante la comida, nos sentimos protegidos en el círculo de nuestra familia y unidos a nuestros familiares. Agradecemos a Dios que los ancianos en nuestra familia todavía vivan y que los enfermos se encuentren mejor. Damos gracias a Dios por los bebés que hayan nacido en nuestra familia. Y si a alguien de nuestra familia no le van bien las cosas, podemos intentar ayudarle. La familia nos da la fuerza para enfrentarnos juntos a los avatares de la vida.

Además, los días festivos, las comidas festivas y los encuentros familiares nos dan la oportunidad de intercambiar novedades familiares. Los niños pueden informar a los adultos de lo que están aprendiendo en el colegio y de lo que hacen y los adultos pueden contar a los niños cosas de la historia de la familia, de los antepasados que ya no viven, pero que pertenecieron a la familia. Esas historias son, con frecuencia, la materia que mantiene a la familia unida. Naturalmente que podemos contarlo en cualquier otro momento, pero raramente tenemos tiempo para hacerlo. Necesitamos los días de fiesta con el fin de tomarnos tiempo para escucharnos los unos a los otros.

Los días religiosos festivos nos ofrecen, además de una comida festiva y la consiguiente siestecita en el sofá, otras cosas magníficas. Esos días están repletos de determinados ritos, esto es, de ceremonias muy antiguas, que nos han sido transmitidas por nuestra religión. Esos ritos fueron realizados en determinados días festivos por personas que vivieron antes que nosotros y lo mismo harán las personas que vengan después de nosotros. Cuando los cristianos van en Navidad a la iglesia, saben que hace casi dos mil años otros cristianos hicieron lo mismo. Con el transcurso del tiempo, se han añadido, naturalmente, algunas tradiciones nuevas, sobre todo el árbol de Navidad y el «Jingle Bell». Pero lo más importante en la Navidad se ha mantenido intacto: Uno va a la iglesia y da las gracias a Dios por el nacimiento de Jesús. La experiencia de esa fuerza vinculante de la Navidad posibilita a los cristianos retener el tiempo y estar más próximos los unos a los otros.

El calendario

Quizá alguien se pregunte por qué algunos días festivos, como Navidad, siempre caen en el mismo día, mientras que otros días festivos, como Semana Santa, caen en días distintos. La respuesta es: Hay dos clases de medición del tiempo. El tiempo se puede calcular o bien por el sol o por la luna. El cálculo por la luna se denomina *calendario lunar*. Un año de tiempo lunar es el tiempo que la luna necesita para ser doce veces luna llena y otras tantas luna nueva. El *calendario solar* es el que se mide por medio del sol y un año solar es el tiempo que necesita la tierra para dar la vuelta alrededor del sol y volver de nuevo al punto de partida en su órbita. No son igual de largos un año lunar y un año solar. Ahí está todo el problema.

Doce meses se corresponden en el calendario lunar con 354 1/3 días y un año del calendario solar se corresponde con 365 1/4 días. Con lo que el año solar es aproximadamente once días más largo que el lunar. Así pues, si no se añaden días al calendario lunar, pasan once días más cada año en comparación con el calendario solar, lo que supone arruinar todos los días festivos que, en realidad, tendrían que caer en un determinado día del año.

La gente del calendario lunar puede solucionar ese problema de dos formas: Una posibilidad es el año bisiesto. Introduciendo un mes más, se ajusta el calendario a las estaciones del año. Así lo hacen los judíos y los hindúes. Los judíos añaden, en un ciclo de nueve años, un segundo mes de primavera con el nombre de *Adar II*, cada tercero, sexto, octavo, undécimo, décimo cuarto y décimo séptimo año.

La otra posibilidad para superar la diferencia entre el tiempo lunar y el solar, consiste en no hacer nada. Así lo hacen los musulmanes. Bueno, algo sí cambia en su calendario lunar: Añaden un día al último mes lunar del año, once veces en treinta años. A pesar de ello, el año musulmán resulta siempre diez días más corto que el año solar.

El mes más sagrado de los musulmanes es el mes de *Ramadán*. En ese noveno mes del calendario lunar musulmán, los musulmanes celebran que el profeta Mahoma recibiera del ángel Gabriel el sagrado escrito del Corán. Lo celebran ayunando durante el día. Como quiera que el calendario musulmán no está adaptado completamente al calendario solar, el Ramadán tiene lugar un poco antes cada año y, al cabo de los años, termina viajando, digamos, por todo el calendario. Durante el Ramadán, los musulmanes tienen una agradable forma de saludarse: «Que te sea dada una larga vida para que puedas celebrar el Ramadán en todas las épocas del año».

Los calendarios lunares son más antiguos que los solares, lo que tiene que ver con que es más fácil calcular el tiempo con la luna que con el sol. El tiempo entre dos lunas nuevas (luna nueva es cuando no se puede ver nada de la luna) corresponde a 29 días, 12 horas, 44 minutos y 3 ½ segundos... ¡Aproximadamente! Eso es lo que dura un mes lunar. Transcurridos doce meses, se llega de nuevo al punto del año en que se comenzó a contar y, en consecuencia, ha comenzado un nuevo año.

Calcular el tiempo con la luna es sencillo. Por el contrario, con el sol es difícil. Hay que saber exactamente cuál es el día más largo y después esperar todo un año hasta que ese punto se repita. Algo complicado. Actualmente, tenemos calendarios que están adornados con bonitas y no tan bonitas ilustraciones, de manera que para nosotros es más fácil calcular el tiempo, pero no siempre fue así. El que en otros tiempos tenía que calcular el tiempo lo hacía, de eso estamos convencidos, con el calendario lunar. En el judaísmo, siempre fue calculado por la luna, lo mismo que en el hinduismo, budismo e islamismo. Los cristianos calculan el tiempo por medio del sol, pero raramente lo aplican a los días festivos.

Independientemente del calendario que se utilice, cada día festivo es un mensaje especial. La mayoría de los días festivos expresan uno de estos mensajes: «Vendrán otros tiempos» u «Hoy, hace mucho tiempo, sucedió algo importante».

En primer lugar, queremos contemplar algunos de los días festivos que recuerda el transcurrir del tiempo y el cambio de las estaciones del año y que contribuyen a que nos alegremos y demos las gracias a Dios por ello.

El cambio de verano a otoño

En el judaísmo, muchos de los días festivos caen en otoño, algo que tiene que ver con que hace aproximadamente 3000 años, cuando se creó la religión que llamamos judaísmo, la mayoría de los judíos eran campesinos, por lo que la mayoría de las fiestas se celebraban después de la cosecha, cuando los campesinos estaban contentos y agradecidos y tenían tiempo para festejar. La fiesta de la cosecha en otoño recibe el nombre de *sukkot* o fiesta de los Tabernáculos. Los peregrinos que se desplazaron a América conocían la fiesta de los Tabernáculos y, a pesar de que eran cristianos, la celebraban porque así estaba en la Biblia. Los peregrinos invitaban a sus comidas de acción de gracias también a algunos de los nativos. El otoño está lleno de fiestas de la cosecha y la de los *sukkots* y la de acción de gracias son solamente dos de ellas.

Los budistas celebran una fiesta, todavía de verano, que dura desde la mitad de julio a la mitad de octubre. Por esa época, en Asia del Sur e India, donde se creó el budismo, es época de lluvias. La fiesta se llama «el regreso de la lluvia» y es un tiempo de intenso estudio para los monjes y monjas budistas. Durante ese periodo, no se celebran bodas ni partys ni ningún otro tipo de fiestas. En su lugar, se recitan, en interminables cánticos, historias del budismo y las personas rezan abundantemente para que, por fin, deje de llover y durante ese tiempo agasajan al dios Ganesh.

Como quiera que los musulmanes no ajustan anualmente su calendario lunar, no tienen ningún día de fiesta que caiga siempre en una determinada época del año.

El cambio de invierno a primavera

También la primavera es un buen tiempo de fiestas para los campesinos, ya que en esa época del año es cuando se siembran las nuevas cosechas y es cuando las vacas tienen terneros y los gansos pequeños gansitos y las lechuzas pequeños lechucinos. Es un tiempo en que todo lo que puede parir, pare. También es un tiempo en que el nuevo verde de los campos comienza a despuntar y la tierra parece como si terminara de nacer. Siempre ha habido fiestas de primavera en las religiones.

La fiesta de la primavera judía es el *Pésaj*. Con esta fiesta se recuerdan dos efemérides: La primavera y la salida de Egipto. Los judíos la celebran con una comida especial, el *seder*, que consiste en ingredientes que tengan que ver con la primavera, como cordero y perejil y platos que recuerden la liberación de la esclavitud en Egipto, como el llamado *mazzot,* tortas de pan ácimo. La fiesta del Pésaj es una estupenda mezcla de primavera y libertad.

La fiesta cristiana de primavera es la Pascua. También esta fiesta recuerda la primavera y la liberación. En la Pascua, se celebra la muerte y la resurrección de Jesús. La resurrección a la vida de Jesús, después de haber sido asesinado, cae conjuntamente con la resurrección de la tierra en primavera. La diferencia es que Jesús murió y resucitó solamente una vez, mientras que la primavera regresa de nuevo después de cada invierno. Los multicolores huevos de Pascua, en algunos países, nos recuerdan la nueva vida. En muchos rituales religiosos, los huevos sirven para recordarnos la aparición de nueva vida y darnos esperanza.

La fiesta de primavera en el budismo se llama *wesak*. Wesak es el día en el que nació Buda. Además es el día de su muerte. El wesak cae en luna llena, por lo general en mayo, y se celebra con largos sermones sobre la vida y la sabiduría de Buda y con grandes desfiles festivos a través de la ciudad y alrededor de los templos y arcas budistas (por lo general, a la gente le gusta más esos desfiles que los sermones).

La mitad del invierno

La mayoría de las fiestas de otoño y primavera caen en épocas del año en que el día y la noche son igual de largos. A ese espacio de tiempo, se le denomina *equinocio* o el tiempo de la igualdad de la noche y el día. Otras fiestas tienen lugar en la noche más larga del año, es el llamado *solsticio de invierno*. Hay también un *solsticio de verano* cuando el día es el más largo. Sin embargo, no hay especialmente muchas fiestas religiosas relacionadas con el solsticio. Quizá eso tenga mucho que ver con que mucha gente en ese tiempo se va a las playas. La única fiesta de solsticio de verano que hemos descubierto se llama *Tiragan* y es celebrada por los seguidores de Zaratustra.

Hay muchas fiestas de solsticio de invierno. Parece ser que las personas necesitan la religión más en invierno que en verano. El invierno es una época en que la gente tirita con los pies fríos y la mayoría piensa cuándo volverá a hacer calor. En ese tiempo, en el profundo invierno, da la impresión de que las personas necesitan algo de luz y esperanza, los cristianos se enfrentan a la monotonía del solsticio de invierno con la Navidad y los judíos con *Hanukah*.

El Sabbat

El Sabbat es el descubrimiento de los judíos que cristianismo e islam han adoptado con agrado, aunque han cambiado el día de la semana. En los judíos, el sabbat comienza el viernes después de ponerse el sol y termina el sábado después de ponerse el sol.

Los musulmanes se toman libre desde el jueves al mediodía hasta la noche del viernes, aunque no lo consideran como su sabbat. Para ellos, la hora de la oración, *al-Jumu'ah*, es el tiempo más sagrado de la semana. En los cristianos, el sabbat comienza el sábado a las 17 horas y termina el domingo después de ponerse el sol.

Para los judíos y cristianos, el sabbat es el séptimo día de la semana. Ese día, Dios descansó en la creación del cielo y de la tierra. Dios consagró ese día. Lo bueno en el sabbat es que, lo mismo que Dios, la gente debe descansar. Debemos descansar y dar gracias a Dios y estar en familia. Fue una idea excelente, ya que antes de introducir el sabbat la gente tenía que trabajar todo el tiempo. Y a nadie le viene bien trabajar todo el tiempo y porque Dios lo sabía, creó el sabbat.

El comienzo del nuevo año

Todo calendario tiene un día para comenzar el nuevo año y toda fiesta de Año Nuevo es celebrada con una gran comida familiar. En el Año Nuevo, deberíamos agradecer a Dios que nos haya permitido vivir un año más. La fiesta de año nuevo equivale a una gran fiesta de cumpleaños para todos.

La fiesta de Año Nuevo judío se llama *Rosh Hashana* y tiene lugar en el primer día del séptimo mes del calendario judío. Nadie sabe por qué el Año Nuevo en los judíos no cae en el primer día del primer mes, que sería en primavera (el séptimo mes comienza normalmente en septiembre). Para los judíos, Rosh Hashana es el nacimiento del mundo. Los judíos creen que Dios creó el mundo ese día. Según la costumbre judía, en el Rosh Hashana se va a la sinagoga a rezar y seguidamente tiene lugar, en casa, una gran comida en familia. Una parte de la comida en esa fiesta es redonda y dulce, como manzanas, uvas pasas, ciruelas, ya que de nuevo comienza un ciclo y el tiempo de fiesta, que se celebra en la familia y en la sinagoga, es un tiempo feliz y «dulce».

También en toda China y donde viven budistas y taoístas, la fiesta de Año Nuevo es una fiesta maravillosa, que es celebrada por todo lo alto. Las fiestas y ceremonias del Año Nuevo chino duran quince días. Durante ese tiempo, las personas visitan a sus familiares, adornan su casa, se acuerdan de las queridas abuelas y los queridos abuelos ya muertos y van al restaurante para disfrutar de una comida especialmente preparada para el Año Nuevo. Hay personas que se disfrazan de dragones y bailan en las calles, mientras otras hacen explotar petardos para ahuyentar a los malos espíritus.

Cada año chino es llamado según un animal. A elegir están: rata, buey, tigre, conejo, dragón, serpiente, caballo, oveja, mono, gallo, perro y cerdo. Todos esos animales fueron protegidos por Buda. Quizá algunas personas habrían preferido nacer en el año del tigre en lugar del de la rata, pero no se puede cambiar.

El Año Nuevo musulmán se llama *Muharram*, como el primer mes del calendario lunar musulmán. Sin embargo, el Muharram no es celebrado especialmente en el Islam porque muchos musulmanes lo consideran como el tiempo en que el nieto de Mahoma, Husein ben Alí, fue asesinado y, como recuerdo, ayunan el décimo día del primer mes. Ese día de ayuno se llama *Ashura*.

El mensaje de «otros tiempos que vendrán» nos estimula para aceptar el cambio de las estaciones del año en la naturaleza como motivo para dar gracias por todo lo que la naturaleza nos obsequia y recordar que, independientemente del frío y de la oscuridad que haga afuera, el sol volverá a brillar. Una buena noticia que nos da la esperanza y la humildad cuando más lo necesitamos.

El segundo mensaje de los días de fiesta no tiene que ver con las estaciones del año, sino con los escritos sagrados, que recuerdan a las personas religiosas lo que sucedió hace mucho tiempo. Cuándo nació, murió o ascendió a los cielos el maestro más importante de una religión o su profeta; esos días son importantes en las religiones.

En algunas de las fiestas religiosas se celebran acontecimientos que *sabemos* que han sucedido; en otras, se celebran cosas que *creemos* que han sucedido. Por ejemplo, las historias sobre Moisés, Jesús o Mahoma pertenecen a los escritos sagrados del judaísmo, cristianismo e islamismo. No podemos afirmar *saber* que esas cosas sucedieron verdaderamente, ya que, a excepción de las historias de los escritos sagrados, no hay ninguna prueba de que así fuera. Lo mismo sucede con las historias sobre milagros. La única prueba de que Moisés separó las aguas del Mar Rojo, de que Jesús resucitó de entre los muertos y de que Mahoma ascendió a los cielos montado en su caballo es la correspondiente historia de la Biblia Hebrea, del Nuevo Testamento o del Corán. Eso no significa que esas cosas no sucedieran. Significa solamente que nosotros no podemos *saber* si verdaderamente sucedieron porque solamente contamos con las historias. Nosotros podemos *creer* que esas cosas sucedieron, porque confiamos en que los sagrados escritos sean ciertos, pero creer no es lo mismo que saber. Sea como fuere, por las religiones conocemos algo sobre la historia sagrada, de la que sabemos algunas cosas y otras sólo podemos creerlas. Ambas, saber y creer, nos hacen más sabios.

El día en que nacieron los grandes maestros

Uno de los acontecimientos religiosos más extendidos es el día del nacimiento del gran maestro. La fiesta más grande en el mundo que conmemora un nacimiento es la Navidad. Se basa en una maravillosa historia. Y, además, si uno ayuda a adornar el árbol de Navidad, está con padres y hermanos, va a la iglesia, canta canciones de navidad y hace y recibe regalos... ¡entonces todo es fantástico! El único problema con la Navidad y con algún otro día festivo es que *la celebración del día de fiesta es más importante que su significado*. Como es sabido, no se trata de recibir regalos por Navidad, sino de recibir a Jesús. El que lo olvida, olvida lo más importante de Navidad.

En el Islam, hay un día de fiesta en el que se celebra el nacimiento de Mahoma, el gran anunciador del islam, y se llama *al-Mawlid annabawi ash'shareef*. Se celebra el duodécimo día del mes musulmán de Rabi. Con otros días de fiesta en el mes de Rabi, los musulmanes recuerdan el día en el que Mahoma ascendió a los cielos y el día de su muerte. En ese mes, los adultos deben estudiar aplicadamente el Corán, lo que es un buen comienzo para honrar al profeta Mahoma, que tanta sabiduría enseñó a tanta gente. Los niños musulmanes celebran el nacimiento del profeta con representaciones teatrales en las escuelas con escenas de la vida de Mahoma.

Los budistas celebran el nacimiento de Buda con una fiesta de primavera llamada *Wesak*, de la que ya hemos comentado algo con anterioridad. El Wesak tiene lugar anualmente entre el décimo cuarto y décimo sexto día del sexto mes del calendario budista. Por lo general, esa fecha cae en mayo, pero como quiera que los budistas utilizan el calendario lunar, el Wesak cambia de año en año. El Wesak es un día cien por cien consagrado a Buda, en el que se celebra el nacimiento, la iluminación y la muerte de Siddhartha Gautama. En el Wesak, los budistas celebran también cómo Buda se diluye, como quien dice, en la nada, una vez que ha transmitido toda su sabiduría. Verdaderamente no murió, sino que se fue, sencillamente, a la pura nada del nirvana, ese lugar al que todos los budas van cuando han completado su obra en la tierra.

En Tailandia, el Wesak es celebrado como la fiesta más importante. El rey y la reina participan en una procesión festiva alrededor del templo del Buda Esmeralda. El desfile tiene lugar por la noche, con luna llena. Toda la gente lleva velas encendidas y también el templo está adornado con velas y flores.

Uno de los motivos por el que las fiestas en honor del nacimiento de los grandes maestros son tan alegres, es que la mayoría de esos señores no llegaron a morir jamás. Moisés fue llevado, desde el monte Nebo, directamente ante Dios, sin morir. Buda fue al nirvana desde el árbol Bo. Jesús es uno de los grandes maestros que murió, pero volvió a la vida después de tres días. Mahoma murió, sin ninguna duda, y no regresó a la vida, pero cabalga por el cielo sobre su caballo al-Barak por toda la eternidad. Ni en el judaísmo ni en el hinduismo hay un día de celebración del nacimiento del profeta. Posiblemente, esto tenga que ver con que el judaísmo y el hinduismo, a diferencia del budismo, cristianismo o Islam, no están vinculados a *un* gran maestro.

El tiempo de ayuno

Casi todas las religiones nos aconsejan ayunar durante un cierto tiempo al año. Ayunar, en realidad, significa no comer ni beber, pero esto a veces es imposible, especialmente cuando los tiempos de ayuno duran un mes. Por eso, normalmente, ayunar significa no comer determinados alimentos o no comer a determinadas horas del día.

El ayuno está muy extendido en las religiones, ya que ayuda a purificar el cuerpo. A través del ayuno, uno se puede librar de una parte de aquello con lo que llena el estómago hasta explotar, lo que facilita el pensar cómo quitarse uno de encima aquellas tonterías con lo que, a veces, uno ocupa su vida. Ayunar permite concentrarse, por ejemplo, en la oración, sin tener que pensar quién hará la comida del mediodía. Es también una buena oportunidad para acordarse de lo contento que uno puede estar porque tiene suficiente para comer, para agradecer a Dios por los alimentos y por el hecho de vivir.

Los judíos ayunan en distintos días. El día de ayuno judío más conocido es el *Yom Kippur*, diez días después de la fiesta de año nuevo de Rosh Hashana. Los judíos deben pasar diez días reconciliándose con aquellas personas a las que hayan ofendido el año anterior y prometer ser mejores en el próximo año. El día de Yom Kippur se pasa en la sinagoga, donde se reza y se pide a Dios que perdone nuestros pecados. Solamente pueden ayunar los judíos mayores de trece años. El ayuno comienza la noche antes de Yom Kippur y dura hasta la puesta del sol del siguiente día. Durante el ayuno no está permitido tomar agua ni cualquier otra clase de alimento. El Yom Kippur no es único día de ayuno en el calendario judío, pero es, con mucho, el más importante.

Los musulmanes ayunan en el Ramadán, el noveno mes del calendario lunar musulmán. Antiguamente, los musulmanes ayunaban en *Ashura*, el décimo día del nuevo año, como Yom Kippur. Los musulmanes chiítas siguen ayunando el mismo día. Pero el Ramadán se ha convertido en el tiempo de ayuno más importante. El ayuno dura todo el mes, veintinueve días. Por el día, no se puede tomar ninguna clase de comida o bebida. Por la noche, después de orar, se toma una opulenta comida y, por la mañana temprano, se desayuna abundantemente con el fin de tener algo en el estómago antes de que salga el sol.

Todos los musulmanes adultos ayunan durante el Ramadán, siempre que estén sanos y no se encuentren de viaje. Según la enseñanza del Islam, del judaísmo y de la mayoría de las demás religiones, el ayuno no es tan importante como la salud, por lo que hay que considerar si se está enfermo y esperar a que uno se encuentre bien para poder ayunar.

El Ramadán termina con una gran fiesta, que puede durar hasta cuatro días. Esa fiesta se llama *id-al fitr* o *al-id al-saghir* y es celebrada con un gran banquete, con limosnas para los pobres y visitas a los amigos, a los que se les lleva algo para comer. Y el que pueda permitírselo, se compra nueva ropa de vestir, que se pone para celebrar ese día. Los musulmanes indonesios tienen una bonita tradición en esa fiesta: Los niños se arrodillan ante sus padres y abuelos, les piden su bendición y se arrepienten de sus malas acciones (como maldecir o dejar los calcetines sucios en cualquier parte).

En el budismo, se ayuna más que en la mayoría de las demás religiones. Todos los monjes budistas ayunan diariamente, no comen ni beben nada desde el mediodía hasta la mañana siguiente. En realidad, los monjes budistas solamente toman una comida al día. Ciertamente, el ayuno en los budistas es muy sensato. La mayoría de nosotros comemos demasiado y con demasiada frecuencia y nos atiborramos como los cerdos. En realidad, sería deseable limitar las comidas y leer y cantar más.

En los cristianos, el ayuno dura cuarenta días. Termina con la Pascua. Con ese tiempo de ayuno, se recuerda los cuarenta días que Jesús pasó solo y ayunando en el desierto antes de regresar con la gente. Los diferentes cristianos celebran de distinta forma el tiempo de ayuno. La mayoría de los cristianos ayuna el miércoles de ceniza (el primer día del tiempo de ayuno o *cuaresma*) y el Viernes Santo (el día de la muerte de Jesús). Algunos ayunan todos los viernes durante toda la cuaresma, otros no comen carne ni tampoco queso.

La fiesta mayor

Casi todas las religiones tienen una fiesta que está dedicada a un acontecimiento tan importante del lejano pasado que recuerda el mismo día, año tras año, aquel hecho. Es su fiesta mayor.

La fiesta mayor judía es la del Pésaj, en el mes lunar de Nisan. Con la fiesta del Pésaj se celebra la salida de los judíos de Egipto, también llamada éxodo y es para los judíos el tiempo en que se liberan del yugo de la esclavitud y se convierten en un pueblo libre.

La fiesta del Pésaj se celebra con una comida llamada *Seder*, en la que son obligatorios determinados alimentos, oraciones y cantos, y todo ello recuerda a una obra de teatro en la que todos juntos interpretan la historia del éxodo. Se comen rábanos y se mojan diferentes alimentos en agua salada, para recordar la amargura y las lágrimas de la esclavitud. También se come perejil en recuerdo de la hierba fresca de la primavera. Asimismo se toma una papilla hecha de manzana, vino, canela y frutos secos para recordar el material con el que se recibían las piedras en las obras que los judíos tuvieron que levantar para el faraón. Pero el Seder también es divertido ya que, en recuerdo de la maravillosa sensación de libertad, se beben cuatro vasos de vino.

Al comienzo del Seder, hay una cosa bonita cuando uno dice: «Dejad que acudan todos y coman con nosotros». Las comidas festivas son algo que está muy bien, pero si nos olvidamos de las personas que no tienen para comer, actuamos como egoístas. Los días de fiesta deben ayudarnos a superar nuestro egoísmo y a compartir las buenas cosas que tenemos.

Para la fiesta del Pésaj también se hace un pan especial llamado *mazza*. Está hecho solamente con harina y agua. Cuando se ha mezclado y removido la harina y el agua, hay que meterlo al horno antes de que pasen dieciocho minutos; una vez fuera del horno, los *mazzot* tienen el aspecto de hojas de un listín de teléfono (y también saben así). Los judíos no comen otro pan durante toda la semana del Pésaj, en recuerdo de que sus antepasados tuvieron que huir tan precipitadamente de Egipto que ni siquiera tuvieron tiempo de que el pan terminara de hacerse.

La fiesta mayor de los musulmanes es «la gran fiesta» o, como dice la mayoría de los musulmanes *al-id al-kabir*. Se celebra el décimo día del mes lunar de *Hijja* y forma parte de las fiestas de la peregrinación. Incluso aquellos musulmanes que no peregrinan a la Meca celebran esa fiesta, que dura aproximadamente cuatro días. Para celebrarla se viste uno con las mejores ropas y con ella se recuerda la historia bíblica de la prueba a la que fue sometido Abraham y en la que Dios le pidió que sacrificara a su hijo. Sin embargo, cuando los musulmanes citan esta historia son Abraham e Ismael los que ascienden a la montaña y no como en la Biblia Hebrea, Abraham e Isaac.

Los musulmanes contemplan a Ismael como su antepasado y en recuerdo de esta historia, comen una oveja asada, que es dividida en tres partes. Una parte para la familia más próxima, otra para los demás familiares y la otra para los pobres. Siempre resulta bonito cuando se piensa en los pobres en un día de fiesta, ya que los días de fiesta son especialmente tristes para las personas pobres y, particularmente, para sus hijos, porque ellos no pueden comprar algo bueno para comer o regalos.

Dios no nos ha dado los días de fiesta para que nos atiborremos el estómago de comida y para que compremos todo lo imaginable, sino para que meditemos un momento y le agradezcamos todas las obras buenas que, día tras día, nosotros aceptamos como lo más natural del mundo.

El compartir lo que tenemos es una parte esencial de aquello que hace que los días sean festivos. El que no comparte, no ha comprendido algo muy importante de los días de fiesta.

La fiesta más grande de los cristianos es la fiesta de *Pascua*. El significado de la Pascua es lo más importante en el cristianismo. Se trata de lo que significa la resurrección de Jesús para el mundo, significa que los pecados de Adán (desobediencia ante Dios) fueron perdonados y que el reino de Dios se hizo posible para todas las personas. Verdaderamente, la Pascua de Resurrección es la fiesta más grande para todos los cristianos.

Esta fiesta se celebra según el calendario lunar, como la del Pésaj. Cae siempre en el primer domingo después de la primera luna llena de primavera (la fecha exacta se consigue más fácilmente consultando un calendario, en los meses de Marzo o Abril).

Lo mismo que la fiesta del Pésaj, la Pascua de Resurrección se celebra con una ceremonia especial, llamada *comunión*. En la comunión se ingiere una especie de pan muy fino, *obleas* (algunos cristianos toman pan natural) y vino. Con el pan de la comunión, los cristianos reciben el cuerpo de Jesús, que murió para librarlos de sus pecados, y con el vino reciben la sangre de Jesús.

Muchos cristianos creen que el pan y el vino, una vez bendecidos por el sacerdote, se convierten en el cuerpo y en la sangre de Jesús. Esa transformación solamente puede ser realizada por un sacerdote. La comunión es una de las cosas más singulares y sagradas en la vida de un cristiano. Casi todos los cristianos toman el pan y el vino de la comunión en Pascua, pero algunos –católicos romanos, ortodoxos y muchos anglicanos y luteranos– reciben la comunión todos los domingos e incluso más frecuentemente.

La Pascua dura, en realidad, una semana, no solamente un día. La Semana Santa comienza el Domingo de Ramos, el día en que Jesús entró en Jerusalén. Jesús celebró su última cena el Jueves Santo. Para los cristianos, ése fue el día en el que Jesús introdujo el sacerdocio y la comunión. Le sigue el Viernes Santo, el día en que, según las creencias cristianas, Jesús, por orden de Poncio Pilatos, fue crucificado por soldados romanos. La iglesia recibe en el día del Sábado Santo a aquellas personas que quieren convertirse en cristianos y el domingo tiene lugar la llamada *misa*. El domingo de Resurrección es para los cristianos el día en que Jesús despertó de nuevo a la vida y resucitó de entre los muertos. Cuarenta días después del domingo de Pascua se celebra la *Ascensión de Cristo*. Ese día Jesús ascendió a los cielos, después de demostrar durante cuarenta días que vivía de nuevo y de haberles dicho lo que tenían que hacer hasta su regreso del cielo.

En la mayoría de las religiones, se encuentra la idea de que se necesita un tiempo de preparación para una gran fiesta. Los judíos se preparan durante tres días para el Yom Kippur; los musulmanes tienen diez días para el ayuno de ashura y todo un mes, el Ramadán, para prepararse para la fiesta correspondiente. Los budistas aproximadamente tres semanas para preparar el Wesak y los cristianos tienen, con el tiempo de Adviento, casi un mes para prepararse para la Navidad y seis semanas para la Pascua.

Todas las religiones saben que es muy difícil pasar de un día normal a un día grande de fiesta. Hay que serenarse y prepararse. Hay que reflexionar sobre lo que nos espera para –en caso de que suceda– estar en ello con todos los pensamientos y con toda el alma.

10

¿Cuáles son los días de fiesta en mi vida?

Visto detenidamente, ninguna vida es igual a otra. Tenemos un aspecto diferente, nuestras huellas digitales no son iguales a otras y muchos tenemos nombres diversos. Pero lo que es más importante: tenemos diferente ADN. Esto es lo que nada en las células de nuestro cuerpo se diferencia de lo que hay en todas las demás personas que han nacido y nacerán. Cada uno de nosotros es como un copo de nieve, irrepetible y único.

Por otro lado, somos parecidos en muchas cosas. Todos nacemos (porque de lo contrario no existiríamos ni tendríamos que morir). Naturalmente, hay otras muchas cosas que suceden, a veces, en cada uno de nosotros: Que se nos caiga un objeto pesado sobre la uña gorda del pie, que se nos extravíe algo y, en recompensa, encontremos algo de otra persona, que nos sirvan de comer algo muy rico, que seamos abrazados y besados y que nos enamoremos. Son algunos ejemplos de cosas que uno vive en algún momento de su vida y que, como el nacimiento y la muerte, son iguales para todas las personas.

Las religiones nos ayudan a recordar los acontecimientos por los que todos pasamos y, por ello, damos las gracias a Dios. Dios no es responsable de nuestro resfriado, pero cuando se trata de cosas más importantes, como el nacimiento y la muerte, entonces la fe es de una gran ayuda.

A las cosas que hacemos con motivo de acontecimientos especiales en nuestras vidas las denominamos *ritos* o *rituales*. Los hay en todas las religiones. A continuación presentamos algunos de esos acontecimientos y ritos.

Nacimiento

En todas las religiones, el nacimiento como comienzo de la vida es algo muy especial. Los rituales en el nacimiento de un niño recuerdan a los adultos que, cuando nacemos, somos recibidos amorosamente en una familia. Y además, el bebé es admitido en una comunidad religiosa.

En muchas religiones, hay rituales que deben asegurar que no le sucede nada al bebé mientras aún no tiene nombre. Por lo general, se le pone el nombre después de algunos días, cuando se ha comprobado que el bebé está sano. Porque, en definitiva, nadie quiere organizar una gran fiesta para dar nombre al bebé si éste no sobrevive. Por eso, se espera unos días en todas las religiones.

El tiempo de espera está repleto de toda clase de ritos. Las religiones nos ayudan a aceptar aquello que no comprendemos como, por ejemplo, por qué unos niños están sanos y otros enfermos y tienen que morir. Muchos de los ritos para proteger al bebé son muy antiguos. Los judíos atan una cinta roja a la cuna. Los budistas chinos cuelgan en la puerta un trozo de jengibre y le colocan al niño al cuello un talismán procedente de un templo budista, mientras que la madre quema varitas de incienso. En el Japón, la futura madre, cuatro meses antes de dar a luz, acude a un templo Shinto y realiza la ceremonia del *Iwataobi*, que debe proteger a su hijo de los malos espíritus. El sintoísmo enseña que es a partir de ese momento cuando el alma encuentra el camino en el cuerpo del niño. La madre llega a la ceremonia con un paño de seda alrededor de su cuerpo. En el hinduismo, el bebé es llevado en brazos por su padre, que le susurra al oído una *mantra*, fórmula sagrada que debe protegerlo.

Pero también hay otro motivo por el que se espera para darle un nombre. Con ello se quiere señalizar que el nacimiento y la acogida en una comunidad religiosa son dos cosas totalmente distintas. Con el nacimiento, uno pertenece automáticamente a una familia, mientras que en la comunidad religiosa uno tiene que ser aceptado. Algunas personas solamente entran a formar parte de una religión cuando son adultos, pero normalmente se pertenece a ella desde pequeño. Con el nacimiento, a uno se le regala la vida, pero todavía no la forma y manera cómo uno va a vivir.

Las religiones muestran de muchas maneras que se forma parte de ellas. A veces incluso nuestros propios nombres lo indican. El que se llame Jesús es casi siempre un cristiano, lo mismo que la que se llame Cristina. El que se llame Abdul es normalmente un musulmán, ya que el nombre de Abdul significa «por Mahoma amado». Así pues, con los nombres podemos indicarles a otras personas de dónde venimos.

A muchos niños se les pone el nombre de un familiar, a veces de alguien ya fallecido. Un bonito gesto porque así el recuerdo del fallecido se mantiene vivo. Pero también, con más frecuencia, se le pone al recién nacido el nombre de una persona viva. También esto está bien porque, de esa forma, esa persona tendrá un especial cuidado del bebé.

En cada religión, la ceremonia de dar un nombre al recién nacido es distinta. En China, las madres llevan a su hijo, tres días después de haber nacido, a un sacerdote budista, que procede a lavarlo. Después se le viste con ropas bonitas y se pasa un candado abierto de la cabeza a los pies. Cuando el candado llega al suelo, se cierra. Así se quiere mostrar que el niño está fuertemente vinculado a la tierra. Posteriormente se queman billetes de dinero y se ofrecen bolas de arroz y galletas. Una vez que el bebé ha cumplido veintinueve o treinta días, la abuela lo lleva a un templo budista, donde se recuerda a los antepasados de la familia y se celebra una fiesta en honor del recién nacido.

En el Sur de Asia, los budistas se dejan aconsejar por un astrólogo a la hora de poner el nombre al recién nacido. Los astrólogos creen que el movimiento de las estrellas y de los planetas influyen en nuestras vidas. Los hindúes frotan la lengua del recién nacido con una mezcla de *ghee*, una especie de mantequilla y miel. Otras religiones también tienen la costumbre de frotar con algo dulce los labios y la lengua del recién nacido. En el judaísmo, se le da vino tinto dulce al bebé, para que le de una vida dulce.

En el Japón, tienen lugar cuatro ceremonias después del nacimiento de un niño: una en la noche del nacimiento y las otras tres en la tercera, quinta y séptima noche después del nacimiento. Al octavo día tiene lugar una fiesta y el bebé recibe de su padrino un nombre. En muchas religiones, los padrinos deben cuidar del niño si les pasa algo a los padres. Además, los padrinos deben preocuparse de que su ahijado sea educado en sus creencias, también cuando los padres no tengan ganas de hacerlo.

En el cristianismo, la ceremonia en la que se da nombre a un recién nacido se llama *bautismo*. Con el bautismo, una persona, normalmente un recién nacido, es recibido en la comunidad cristiana. Curiosamente, los cristianos llamados baptistas, esto es «bautizadores», no creen en el bautismo del niño. Creen que es mejor esperar hasta que el que va a ser bautizado viva conscientemente la ceremonia y, por eso, sólo bautizan a los adultos.

En un bautismo, la persona es sumergida totalmente en el agua o solamente se derrama algo de agua por encima de su cabeza. Para los cristianos, el agua es un símbolo de que Jesús lavó de sus pecados a las personas. Los padres acompañan a los padrinos, amigos y familiares a la iglesia. El sacerdote da lectura a un pasaje de la Biblia y pregunta a los padres qué nombre quieren darle al niño. Muchos padres eligen dos nombres para sus hijos.

Se hace profesión de fe y, en la iglesia católica, había antiguamente también una oración para mantener alejados a los malos espíritus. Se le llamaba *exorcismo*. Después los sacerdotes católicos hacen la señal de la cruz con aceite sobre la cabeza del niño. Ese ritual procede de los tiempos, poco después de Jesús, en que los cristianos utilizaban el aceite para el bautismo. Seguidamente, los padres prometen educar a su hijo en la fe cristiana. El sacerdote bautiza al niño derramando agua sobre la cabeza y dice las palabras: «Yo te bautizo en el nombre del Padre, del Hijo y del Espíritu Santo».

Los padrinos prometen educar cristianamente al niño en caso de que los padres fallezcan. En algunas iglesias, el padrino recibe una *vela del bautismo,* en la que figura un triángulo estampado que representa al Padre, al Hijo y al Espíritu Santo. Además, vienen impresas la primera y la última letra del alfabeto griego: *alfa* y *omega.* Para los cristianos, una señal de que Jesús está al principio y al final de toda vida. Además, se puede apreciar una paloma en la vela. El símbolo del Espíritu Santo que llega del cielo y se introduce en el niño. El padrino enciende la vela y se la pasa a los padres. Entonces la madrina recibe una prenda bautismal que ella coloca sobre la cabeza del niño. Esta prenda es blanca y tiene la señal de Jesús y las aguas del bautismo caen sobre ella.

Los alimentos que se toman en estas fiestas son muy parecidos en todas las religiones. Por lo general, se come pescado, ya que el pez es un símbolo de vida. En Japón se ofrece arroz con alubias rojas, un pescado cocido (besugo) y sake, vino de arroz japonés. En las fiestas judías de bautismo, se come salmón ahumado y panecillos con una forma especial untados con queso fresco. En China, hay pescado y arroz, pero también huevos, que los amigos y familiares pintan de rojo y que envían, junto con otros alimentos y regalos, para la fiesta.

En los niños recién nacidos, la punta del pene está cubierta por una capa de piel llamada prepucio. En los judíos y musulmanes, esa piel se le retira al niño, tradición que recibe el nombre de *circuncisión.* Algunas tribus africanas y los polinesios lo hacen también así; asimismo los antiguos mayas y aztecas en México y América Central conocían esta tradición. Hay algunas tribus indias en América que la mantienen. Antiguamente, los musulmanes circuncidaban a sus hijos solamente cuando habían cumplido ya siete años, pero hoy lo hacen mucho antes, ya que una circuncisión no es precisamente un buen regalo de cumpleaños cuando el chico tiene ya siete años. Los niños musulmanes llevan puesto un velo cuando son llevados al lugar en que van a ser circuncidados. A los cristianos, la circuncisión no se les practica por motivos religiosos, aunque algunos lo hacen por motivos higiénicos.

En el judaísmo, hay una importante ceremonia religiosa de circuncisión llamada *berit milah*. En el capítulo 17 del Libro del Génesis, Dios le dijo a Abraham que debía circuncidar a su hijo Isaac y que todos los niños judíos debían ser circuncidados al octavo día de su nacimiento. Para los judíos, la circuncisión es la señal de la eterna alianza de Dios con el pueblo judío, lo que significa que cada niño judío que nace está unido al padre ancestral Abraham.

La persona que lleva a cabo la circuncisión recibe el nombre de *mohel*. El mohel llega a la casa de los padres el octavo día por la mañana, a no ser que el niño esté enfermo. En ese caso, se pospone hasta que se encuentre bien. El niño es llevado ante el mohel en un cojín por el padrino y entonces el padre dice una oración para agradecer a Dios por el precepto de circuncidar a su hijo. ¡El niño no se lo agradece! Después de la circuncisión, recibe un nombre hebreo y se le entrega de nuevo a la madre, que espera en una habitación contigua y que, por lo general, se ha mordido preocupada las uñas.

Ser adultos

En muchas religiones hay ritos con los que se celebra el paso de la niñez a la edad adulta. Por medio de ellos se quiere mostrar que el niño es suficientemente mayor para pertenecer a la comunidad de los adultos. En los países donde las personas comienzan a trabajar muy pronto, a veces los nuevos adultos se casan inmediatamente después de esos ritos. En otros países, siguen viviendo aún unos años como niños. El nacimiento y la muerte tienen lugar en un determinado momento, pero es difícil asegurar a partir de cuando se es adulto.

Los judíos tienen un rito muy importante para la conversión de los niños en adultos, se llama *bar mitzvah*. La ceremonia tiene lugar al cumplir los trece años de edad. Ese día, al chico se le permite leer el pergamino de la Torah y celebra así que, a partir de ese momento, es un hombre adulto. Leer en voz alta la Thorah es uno de los rituales más difíciles e importantes de los adultos judíos. No se permite a ningún menor de trece años. El chico que se prepara para leer la Torah, da a comprender a los adultos de la comunidad judía y, lo más importante, a Dios que está preparado para ser judío creyente. Aunque un chico de trece años no lea la Torah, se convierte en un *bar mitzvah* y, por consiguiente, en un judío adulto. Las primeras *bat mitzvah* (las correspondientes fiestas para chicas) tuvieron lugar hace aproximadamente setenta y cinco años. Desde entonces, muchas chicas han leído la Torah en las sinagogas que no son rigurosamente ortodoxas, lo mismo que hacen los chicos. Entre los judíos ortodoxos, solamente se les permite a los hombres.

Después de la lectura, la familia normalmente celebra una fiesta en honor del bar o la bat-mitzvah, que acaba de convertirse en adulto o adulta. A veces, la fiesta es pequeña y bonita; a veces, grande y bonita, y también a veces, grande y tonta. De comer hay, por lo general, hígado troceado y otras muchas cosas, como sushi. Que la fiesta no sea más importante que el motivo religioso se ha convertido actualmente en el principal problema para todas las religiones.

Los cristianos llaman al ritual de convertirse en adultos *confirmación*, que es una especie de segundo bautismo. Los niños asisten a unas charlas especiales, en las que conocen cosas sobre Jesús y su iglesia. Al final, en un oficio religioso, se confirma que ya tienen edad suficiente para ser adultos cristianos creyentes. No está prevista una determinada edad. Los cristianos ortodoxos la celebran a la vez que el bautismo y los cristianos católicos y protestantes cuando llegan a la adolescencia. Muchos católicos celebran la confirmación en torno a los trece años. Para los cristianos la edad no es determinante, sino la disposición interior.

El confucionismo en China conoce una simpática ceremonia para pasar a ser adulto. Se pregunta, primero, a las estrellas qué día y qué año uno se convertirá en adulto. En el momento calculado, el adolescente sube por las escalinatas de la parte oriental de un templo confucionista y allí encuentra a su familia y a los invitados. Después se le ponen, uno tras otro, tres sombreros. Cada uno de ellos representa una parte de su vida y cada sombrero es más bello que el anterior. Una vez concluida la ceremonia, el ahora joven hombre adulto saluda a su madre, a sus hermanos y al resto de los familiares.

En el hinduismo brahmán, hay una ceremonia para los chicos llamada *upanayana,* «nuevo nacimiento». La ceremonia de upanayana tiene lugar cuando el chico ha alcanzado la edad de ocho años. Otros hindúes la celebran con once o doce años. El hindú brahmán recibe una cinta sagrada, que lleva puesta sobre el hombro izquierdo y bajo el brazo derecho. También había una fiesta equivalente para las chicas, aunque hoy ya no. En esa religión, para muchas chicas, el momento de casarse es también el momento de convertirse en adultas.

En muchas religiones, el convertirse en adultos está considerado como un nuevo nacimiento. Al hindú brahmán adulto se le llama *dvija*, que significa «nacido dos veces». Cuando un niño viene al mundo, se realizan en él los rituales del nacimiento. Por el contrario, los rituales de hacerse adulto los ejecuta *él mismo*. Exactamente eso significa convertirse en adulto: Aprender a hacer cosas adultas. En todas las religiones es necesario que los niños les digan a los adultos: «¡No os preocupéis! Nosotros nos ocuparemos de la religión lo mismo que vosotros, los adultos, lo habéis hecho. La cuidaremos y la desarrollaremos cuando vosotros ya no estéis aquí». Los rituales de convertirse en adultos les da a los niños la posibilidad de decir esto y a los adultos de escucharles. Así todos pueden estar contentos y festejarlo conjuntamente. ¡Una buena idea!

Matrimonio

En una boda budista en China o Japón, la novia es llevada en festiva procesión a la casa del novio, donde tiene lugar la ceremonia nupcial. La novia y el novio se arrodillan y rezan delante del altar de los antepasados del novio. Los dos mantienen en sus manos dos escudillas unidas por una banda roja, de donde beben vino con miel. Seguidamente tiene lugar una gran fiesta, en la que los novios atienden a sus invitados. Más tarde, el novio va a casa de la novia y reza delante del altar.

En el Islam, el *wali* recibe del familiar más cercano de la novia, llamado *mahr*, los regalos de la novia y redacta un contrato de matrimonio, por el que ella se convierte en esposa del novio. El futuro marido tiene que regalarle a la novia algo confeccionado en oro. La novia, por su parte, le regala una prenda de vestir u otra cosa. La boda se celebra, normalmente, en la mezquita. La fiesta nupcial que tiene lugar seguidamente recibe el nombre de *walima*, en la que hay muchos platos de carne asada, dulces y mucha música. El novio tiene que dar otra fiesta al día siguiente.

Una boda judía se celebra, por lo general, en una sinagoga, aunque no es obligatorio. La pareja de novios se coloca bajo un palanquín llamado *hupah*, que simboliza la protección de Dios y el hogar que fundan juntos. El novio le coloca el anillo a la novia en el dedo. El anillo es de oro, sin diamantes ni orificios, excepto, naturalmente, el orificio por el que pasa el dedo. Después el novio dice: «*hare at meku-deshet li b'tabat zo k'dat moshe v'ysrael*», que quiere decir: «Con este anillo eres para mí, como mi esposa, sagrada y así lo hicieron desde siempre Moisés y el pueblo de Israel». En algunas bodas judías, la novia coloca un anillo al novio y pronuncia las mismas palabras. Ambos beben sendos vasos de vino y el rabino dice algunas oraciones. Seguidamente el novio aplasta con el pie el vaso y besa a la novia mientras todos gritan *«¡mazal tov!»*, que significa «¡mucha suerte!» y la fiesta puede empezar.

En el cristianismo, normalmente la boda se celebra en la iglesia. El novio y sus familiares son los primeros en entrar en la iglesia. Él se coloca delante del altar y todos los demás detrás de él. La novia llega del brazo de su padre, que se la entrega al novio. Según la tradición, la pareja de novios se arrodilla, permanece de pie o se sienta. El sacerdote reza las oraciones y da un pequeño sermón. Seguidamente el novio repite las palabras del sacerdote: «Yo (dice su nombre) te tomo a ti (dice el nombre de ella) como mi esposa. Prometo serte fiel en las alegrías y en las penas, en la salud y en la enfermedad, todos los días de mi vida. Y te amaré y te respetaré hasta que la muerte nos separe». La novia repite esas palabras. A continuación, el novio coloca el anillo de matrimonio, la alianza, en el dedo anular de la mano derecha de la novia, mientras dice: «Te doy este anillo como prueba de mi amor y fidelidad. En el nombre del Padre, del Hijo y del Espíritu Santo. Amén». Lo mismo hace la novia, con lo que se convierten en marido y mujer.

La boda entre dos personas es festejada en todas las religiones del mundo. Esta clase de fiestas son importantes porque así la comunidad sabe que se ha celebrado una boda y porque las familias de los novios pueden conocerse mejor. En las bodas, los asistentes se dan cuenta de que no es bueno que uno viva solo y que tener hijos es algo bello y que, en principio, las personas que se aman también se casan.

Muerte

Los creyentes se despiden con un entierro de alguien cuya vida terrenal ha terminado. Los entierros son una de las cosas por las que nos diferenciamos de los animales. Todas las religiones enseñan que la muerte no es el fin, porque con la muerte solamente muere nuestro cuerpo, no nuestra alma.

Hay, ciertamente, muchas formas de entierros, pero todos cumplen el mismo fin: Dar a la familia y a los amigos del fallecido la posibilidad de llorar y reír juntos y de recordar al difunto. En los entierros, las personas averiguan lo que una religión dice sobre la muerte. Además, la familia tendrá un lugar, como una tumba o un río, donde recordar a la persona fallecida. Y en los entierros, todos los asistentes pueden reflexionar sobre lo agradecido que uno puede estar de seguir viviendo.

La muerte es para todos lo mismo, solamente los entierros son diferentes. En muchas religiones, los muertos son enterrados en cementerios; así sucede entre los judíos, los cristianos y los musulmanes. En el Antiguo Testamento, se dice que Adán, el primer hombre, fue hecho por Dios de la tierra. Por eso, a muchos les parece correcto que la persona, después de muerta, se convierta de nuevo en tierra. Otros consideran esa idea inquietante y algo horrible, pero nosotros la consideramos correcta. Un entierro muestra que somos parte de la tierra. Venimos de ella y a ella regresamos. «Tú eres polvo y en polvo te convertirás» (Génesis, 3, 19).

Los judíos entierran rápidamente a sus muertos; si es posible, al día siguiente de su fallecimiento. En ocasiones, la familia espera algo más quizá porque esperen la llegada de familiares, pero los enterramientos rápidos siguen siendo las características del judaísmo. También los musulmanes entierran inmediatamente a sus muertos, que colocan en la tumba con la cabeza en dirección a la Meca. Después del entierro, los musulmanes reparten comida entre los pobres.

Los cristianos esperan un poco hasta que entierran a sus muertos. Algunos celebran un *velatorio* del muerto, que, por lo general, dura entre uno y tres días. En el velatorio, la familia rodea el féretro y piensa en las buenas obras realizadas por la persona fallecida. La ceremonia del entierro se celebra, por lo general, en la iglesia, pero no tiene por qué ser así. El muerto es enterrado, pero a veces también es incinerado. Los judíos y musulmanes no incineran a sus muertos. Los cristianos arrojan tierra sobre el ataúd, una vez que ha sido colocado en la tumba; también lo hacen los judíos. Los cristianos pueden enterrar varios muertos en la misma tumba; los judíos, por el contrario, no entierran más que uno.

También hay hindúes que entierran a sus muertos. Los niños, los hombres santos y las personas pobres son enterrados, pero la mayoría quema a sus muertos y esparcen sus cenizas en un río sagrado. Cuando los hindúes sienten próximo su fin y aquellos que les es posible, hacen que los transladen a la ciudad de Benarés. Creen que si mueren allí y sus cenizas son esparcidas en el Ganges, alcanzan la *moksa*, es decir, serán liberados del mundo y no tendrán que volver a reencarnarse. En la ceremonia de la incineración, los mejores amigos del muerto llevan el cuerpo al lugar previsto, a la orilla del río, y el hijo mayor va delante del cortejo.

El cuerpo del difunto, envuelto en un paño, es colocado sobre una pira de madera y cubierto con ramas. Seguidamente se enciende fuego en tres partes de la pira. Una al noroeste, otra al sudoeste y la tercera al sudeste. Se observa qué fuego alcanza en primer lugar al cuerpo, ya que eso señaliza qué karma tenía el fallecido. Las personas que vigilan la incineración reciben el nombre de *candalas*. En el tiempo que sigue a la incineración, la familia del fallecido come y bebe muy poco; ese tiempo puede durar entre los diez días y un mes.

También los budistas queman a sus muertos. Algunos creen que Buda, después de muerto, fue incinerado por la tribu de los Malla de Kusinagara. Ananda, el discípulo de Buda, les dijo que envolvieran su cuerpo en un paño nuevo de quinientos largos, lo empaparan en aceite y lo quemaran. Según esa creencia, los restos de los huesos que quedaron fueron guardados en diversos relicarios. Los budistas en Sri Lanka actualmente suelen enterrar a sus muertos, mientras que los budistas del Sur de Asia los incineran. En los entierros, los budistas guardan un silencio total y después rezan durante cuarenta y nueve días.

11

¿Por qué se dividen las religiones?

Las religiones se dividen porque alguien dice: «Yo sé mejor que nadie lo que esta religión verdaderamente enseña». A lo que otro opina: «¡Tonterías! Tú no tienes ni idea. ¡Yo lo sé mejor!». Así pues, seguidores de una misma religión creen que ellos mismos sabrían mejor que nadie lo que verdaderamente enseña su religión. Cuando la ruptura es muy profunda aparece, ciertamente, una nueva religión. Así sucedió, por ejemplo, cuando el cristianismo y el judaísmo se separaron. No se ponían de acuerdo sobre si Jesús fue o no el Mesías.

Dentro de una religión, también se pueden dar divisiones menos profundas, aunque la unidad se mantiene de forma precaria. En estos casos, a los distintos grupos de una misma religión, se les llama *confesiones*. Las grandes religiones casi siempre terminan fraccionándose en distintas confesiones, fenómeno que también se da en las pequeñas religiones. Analicemos las diferentes comunidades de creyentes de cada religión e intentemos descubrir por qué son parte de la misma religión y no nuevas religiones.

Los movimientos en el judaísmo

Hay cuatro tendencias de culto judío. Se habla de *movimientos* y no confesiones: El judaísmo ortodoxo, el judaísmo reformista, el judaísmo conservador y el judaísmo reconstruccionista.

El judaísmo ortodoxo fue, hasta hace aproximadamente doscientos años, la única forma de judaísmo. Entonces comenzó la división porque los judíos pudieron elegir qué clase de judíos querían ser. Anteriormente, los rabinos ortodoxos determinaban con exclusividad la forma de la práctica religiosa; tenían este poder porque los reyes, reinas y zares de Europa se lo habían dado. Solamente cuando la iglesia y el estado comenzaron a separarse, tanto los judíos como los cristianos en Europa tuvieron más libertad para el tipo de judíos y cristianos que querían ser.

Actualmente, sólo aproximadamente el diez por ciento de los judíos son ortodoxos. Un judío ortodoxo tiene que respetar reglas muy estrictas en el Sabbat: No se le permite conducir vehículos, no puede encender ninguna luz en la casa, ni ponerse al teléfono. Un judío verdaderamente ortodoxo no puede ir a comer a un restaurante normal, ya que sólo puede consumir alimentos *kosher* y en la mayoría de los restaurantes no los hay.

Todo esto suena muy riguroso y rígido, pero el judaísmo ortodoxo también tiene su parte positiva: Quedarse en casa con la familia una vez a la semana es una buena cosa y más aún lo es no trabajar en Sabbat. Ese día transcurre pacíficamente y sirve para unir más a la familia. También es una buena idea no tener que ir a comprar deprisa y corriendo. Asimismo rezar y leer es algo que está bien.

Así pues, el Sabbat es para los judíos ortodoxos algo muy auténtico y esto es magnífico. Los numerosos preceptos impiden que los judíos ortodoxos olviden que son judíos. Realmente se mantienen unidos. Lo mejor, sin embargo, es que cada etapa de la vida es bendecida por Dios. Obviamente sigue siendo pedir demasiado a las personas que quieren pertenecer al mundo moderno y por eso el judaísmo ortodoxo es el movimiento más pequeño dentro del judaísmo.

Algunos judíos ortodoxos se llaman *hasidim* y se les reconoce por sus abrigos negros, sus negros sombreros y sus barbas. Los hasidim se diferencian de los judíos ortodoxos en que no envían a sus hijos a las escuelas públicas. Van solamente con otros niños hasidim y están todavía más aislados del mundo exterior que los otros judíos ortodoxos, que ya de por sí están muy aislados.

Los demás movimientos del judaísmo, ciertamente, se diferencian entre sí, pero esas diferencias no son tan llamativas. La principal diferencia se da entre los ortodoxos y los otros movimientos. A los seguidores de los movimientos menos rigurosos se les está permitido más: Las mujeres pueden ser rabinos y *cantoras* (de oraciones judías); las mujeres y los hombres se sientan juntos en los cultos judíos, comen en un restaurante no kosher y probablemente también se pongan al teléfono en el Sabbat.

Los hombres y las mujeres son tratados igualitariamente en estos movimientos y eso es considerado correcto por la mayoría de los judíos. Hace más fácil ser judío y así tienen más seguidores. Cuando las rigurosas reglas de una religión se relajan demasiado, de forma que las personas puedan vivir el cada día sin problemas, amenaza el peligro de que la religión cambie demasiado, pierda sus principales señas de identidad y la persona olvide que Dios les exige mucho. Por otro lado, si una religión se vuelve demasiado rigurosa, ahuyenta a las personas. La mayoría de las personas quieren buscar por sí mismas cómo vivir y como quiera que los movimientos no ortodoxos les dejan más posibilidades constituyen la parte más importante del judaísmo.

Las confesiones cristianas

En el mundo hay muchos cristianos diferentes: católicos apostólicos romanos, anglicanos, protestantes y ortodoxos. Independientemente de la confesión a la que pertenezcan, todos creen en lo siguiente: Jesús fue el hijo de Dios y el Mesías que vino al mundo para morir por nuestros pecados, resucitó de entre los muertos y regresó al cielo para regresar un día.

Esto lo creen todos los cristianos. Sin embargo, como quiera que el cristianismo es la religión más grande del mundo (aproximadamente mil quinientos millones de personas) y existe desde hace dos mil años, uno se puede imaginar su división en muchas confesiones.

El año 325 fue determinante para el cristianismo. Fue el año en el que el emperador romano Constantino se convirtió al cristianismo, con lo que el cristianismo pasó a ser la religión de todo su imperio y más tarde en la más grande del mundo. El obispo de Roma era el que debía dirigir la iglesia. Más tarde se le llamó *papa* y el primer papa fue Pedro y el actual hace el número 264 y se llama Juan Pablo II.

La primera gran división del cristianismo tuvo lugar en el año 1054. Algunos cristianos de Turquía querían que su *patriarca*, la máxima autoridad de la iglesia en su país, tuviera el mismo rango que el papa. Cuando el papa se niega, la iglesia ortodoxa de Oriente se separa de la iglesia católica romana. El patriarca tenía su sede en Constantinopla, la actual Estambul.

La iglesia del Este no obedecía lo que decía el papa de Roma y la iglesia romana no escuchó lo que el patriarca de Constantinopla decía. En el Este, los sacerdotes pueden casarse, siempre y cuando no quieran ser obispos. En Occidente, eso no es posible. En el Este, se utiliza pan para la comunión, con el mismo aspecto del pan normal. En Occidente se utilizan normalmente pequeñas obleas redondas. En el Este, la gente reza en su lengua materna. En Occidente, los oficios divinos eran celebrados en latín. Solamente a partir de 1963, la iglesia católica autorizó el uso de la lengua materna en el culto.

Exceptuando la división de la iglesia en el Este y el Oeste, hasta 1517 no se produjo ninguna otra división. Ese año, el monje Martín Lutero se quejó de la iglesia de Roma. Dijo que los papas se habían vuelto ricos, vagos y cínicos y que se habían alejado del pueblo. Además Lutero tradujo la Biblia del latín al alemán, con el fin de que las personas pudieran leerla. Él celebraba los oficios religiosos en la lengua del pueblo y les dijo a las personas que ya no necesitaban obedecer al papa. Además les dijo que los sacerdotes podían contraer matrimonio y él mismo se casó.

Martín Lutero también enseñó que solamente Dios puede perdonar los pecados, no los sacerdotes o el papa. Lo más importante era creer en Jesús. Mantuvo el bautismo y la comunión, pero prescindió de todas las demás tradiciones católicas. En su lugar, se cantó más y se leyó más la Biblia en los oficios divinos.

Naturalmente, el papa no estaba en absoluto de acuerdo con lo que Martín Lutero decía y hacía, y pronto la iglesia protestante se separaría de la iglesia católica. Desde la *Reforma*, como se le llama a esa división, han aparecido otras confesiones protestantes que, a su vez, se han separado de la luterana. Calvinistas, presbiterianos, metodistas y baptistas también reciben el nombre de protestantes. Incluso el rey Eduardo VIII de Inglaterra fundó su propia iglesia cuando el papa no le quiso autorizar el divorcio de su primera mujer, Catalina de Aragón, para casarse con Ana Bolena. Esta iglesia de Inglaterra se extendió y de ella salieron una serie de hijos propios que, juntos, formaron la comunidad de la iglesia anglicana. En América, también pertenece a ella la iglesia episcopal.

Durante los últimos 150 años, se han ido declarando independientes un número cada vez mayor de protestantes, entre ellos los congregacionistas y adventistas, cuáqueros, evangelistas y pentecostistas. Algunos de esos protestantes querían un oficio divino más sencillo que los cristianos católicos u ortodoxos. Otros no querían que su pastor estuviera obligado a informar a su obispo o querían ser ellos mismos quienes nombraran a su pastor y también dejarles contraer matrimonio. De nuevo, otros querían que las mujeres pudieran acceder a la condición de pastor. Los cuáqueros, por ejemplo, no querían ninguna música de órgano ni ninguna imagen en la iglesia –ni siquiera una cruz–. Otros querían cantar más en los oficios divinos y creían que los cristianos tenían que leer más la Biblia. Para los protestantes, la medida de sus actuaciones venía determinada por la Biblia y no por lo que el papa enseñara y querían influir más en la totalidad de la vida de la iglesia.

Las formas del budismo

El budismo partió de la India, pero actualmente allí ya no está tan extendido. El hinduismo era, sencillamente, demasiado fuerte para que el budismo pudiera desarrollarse. Sin embargo, en el Sur de Asia, en China, Japón y en el Tibet, las enseñanzas de Buda fueron bien recibidas. La extensión del budismo desde la India hacia el norte y el sudeste es la razón por la que actualmente hay diferentes formas de budismo. El budismo en el norte, esto es, en China, Japón y Tibet recibe el nombre de budismo *Mahayana*. En el sur, budismo *Theravada*. Los seguidores del budismo theravada creen que sus enseñanzas son las más próximas a Buda. Cada cual tendría que intentar convertirse en un *arhat*, un santo, que ha dejado detrás de sí las cosas mundanas, a través del estudio del *dharma*, la enseñanza de Buda, y la meditación.

En ambas formas de budismo, no se cree tanto en Dios como lo hacen las religiones que retroceden hasta Abraham. Pero el budismo Mahayana enseña que hay algo que es mucho más grande y mejor que nosotros e incluso más grande y mejor que Buda. Ese algo se llama *tathata*, que significa «semejanza», y es algo así como Dios. Es la verdad y la ley del mundo. Todas las cosas del mundo son una parte del tathata. En las personas, el tathata es algo así como el alma. Los budistas Mahayana lo llaman Buda naturaleza.

El segundo elemento importante en el budismo Mahayana es la idea de *bodhisattva*. El bodhisattva es un Buda que ha regresado del nirvana para ayudar a las personas. Es un poco como Jesús, pero eso, sólo un poco. El bodhisattva es un redentor y un maestro de la sabiduría, él ha estado en el lugar más alto y sagrado y ha regresado para contarnos cómo es aquello y lo que tenemos que hacer para conseguir también llegar allí.

Otra forma del budismo es hoy muy conocida: el budismo *Zen*. Procede de China, donde es llamado *Ch'an*, pero donde verdaderamente se extendió fue en Japón. La enseñanza principal del budismo Zen es que uno no necesita ninguna enseñanza y que la meditación, que juega un papel importante en todas las tendencias budistas, es lo más importante en el budismo Zen. La meditación es algo así como dormir despierto, porque así uno se puede relajar estupendamente, como dormido. Es, a la vez, algo muy distinto porque el consciente no es anulado, como sucede en el sueño, sino que lo acentúa. La meditación ayuda a reconocer lo que es verdaderamente importante y lo que es superfluo. En la meditación se puede decir, bien en voz alta o para uno mismo, un *mantra*, una oración o un proverbio. En la meditación, se inspira y aspira lenta y regularmente una y otra vez y, de pronto, uno comprende todo. Así que aquel que inspire y espire constantemente y, a pesar de ello, no entienda todo, para ése vale el «¡Sigue respirando!».

El budismo Zen es una especie de *mística*. Esto se da en todas las religiones. Mística viene a significar que uno averigua lo que verdaderamente existe en cuanto, sencillamente, lo siente. No se necesita leer ningún libro o aprenderlo en clase, sino que hay que estar muy concentrado en uno mismo y abrirse al conocimiento. Las personas que están muy cerca de Dios, en las religiones orientales, o quieren entrar en el nirvana tienen experiencias místicas.

Todos conocemos personas que pintan para distraerse. Les gusta pintar, pero eso no es lo más importante en su vida. Pero hay pintores que solamente viven para la pintura. Pintan cuando piensan, cuando comen y pintan cuando sueñan. Los místicos son como esos pintores, sólo que ellos no aman la pintura, sino a Dios y Dios es lo único en que piensan. Quieren estar cerca de Dios, conocer a Dios y amarlo y algunos quieren fundirse con Dios en uno. Los místicos son como pintores del espíritu.

Las escuelas del Islam

En el Islam, hay cuatro escuelas diferentes, aunque las cuatro creen en la *Chahada*. Como ya hemos indicado, la Chahada dice dos cosas: No hay más Dios que Alá y Mahoma es su profeta. Todos los seguidores del Islam creen en la verdad de la Chahada. También creen que el Corán es la palabra de Dios y todos ellos tienen los mismos días festivos. Pero aparte de esto, entre las escuelas hay algunas grandes diferencias.

Hay *Sunitas, Chiítas, Jariyitas* y *Sufíes*. Los Chiítas constituyen el grupo más pequeño del Islam y viven en Omán y en el sur de Argelia. Más de ocho de cada diez musulmanes son sunitas. Siguen la *sunnah*, que, desde su visión, transmite la enseñanza de Mahoma. En árabe, el nombre completo para los sunitas es *ahl al-sunna wa'l-jama'ah,* que quiere decir: «el pueblo de los sunitas y toda la comunidad». Los chiítas enseñan que solamente hay un único imán en todo el mundo, un único jefe religioso y que todos los musulmanes deben seguirle, mientras que los sunitas aceptan la existencia de varios imanes.

Poco después de la muerte de Mahoma, se produjo la división entre sunitas y chiítas cuando los musulmanes se enfrentaron sobre quién debía ser el califa, esto es, el jefe espiritual del Islam. Un califa es algo así como un papa. Los sunitas querían a Abu Bakir como califa, un amigo y seguidor de Mahoma de la misma tribu. Por el contrario, los chiítas eran partidarios de Alí, el primo y yerno de Mahoma. Según su voluntad, el califa debía proceder directamente de la familia de Mahoma y no sólo de la misma tribu.

Los chiítas derivan su nombre de *shi'at Ali,* «seguidores de Alí». El Islam chiíta se divide en varios subgrupos: Los duodecimanos chiítas, también llamados *imamitas,* los *ismailitas* y los *zaiditas.* Los musulmanes que se hicieron cargo del poder en Irán en 1979, después de la expulsión del Sha son imamitas. Los ismailitas viven en Egipto, Paquistán e India y los zaiditas viven solamente en Yemen.

Los chiítas creen, como los cristianos y los judíos, en una especie de Mesías: en el duodécimo imán, que vive en el mundo pero todavía no en un cuerpo humano (en árabe, esto se llama *gaybah*). Un día, ese imán llegará a tomar forma humana, siempre que todos anuncien que es el *Mahdi,* el último imán, y traerá la paz al mundo.

El cuarto grupo dentro del Islam son los sufíes. Son los místicos musulmanes. La palabra *sufí* significa «los hombres que portan lana». Los sufíes visten ropas hechas de tosca lana, sin teñir, que pica un rato. Los sufíes no tienen propiedad alguna y no se casan, ayunan y meditan mucho y piensan frecuentemente en Alá. Los sufíes creen, como muchos místicos de otras religiones, que el mejor camino para estar cerca de Dios es retirarse de la vida cotidiana.

Las tendencias del hinduismo

En el hinduismo hay cuatro tendencias: los *Vish-nuistas*, los *Shivaítas*, los *Shaktis* y los *Smarta*. La mayoría de los hindúes son o bien vishnuistas o bien shivaítas. Los vishnuistas adoran al dios Vishnú y creen en *bhakti*, la total entrega a Vishnú, de todo corazón y alma. También creen en *avatares*, las distintas personificaciones en las que se aparece Vishnú cuando viene a la tierra. Los vishnuistas han escrito el libro hindú más voluminoso con el título de *Bhagavad-Gita*.

Los vishnuistas están también en contra del sistema de castas hindú. En lugar de pintarse el signo de su casta en la frente, como los demás hindúes, los vishnuistas llevan pintadas en la frente dos rayas verticales de color blanco y una raya perpendicular roja o un punto amarillo en el centro. Los shivaítas se pintan tres rayas horizontales.

Las shivaítas ayunan y meditan con más frecuencia que los vishnuistas y rezan a Shiva. Vishnú es, para los hindúes, el mantenedor del mundo y Shiva el destructor del mundo. Los shivaítas creen que sólo podrán impedir que Shiva devore el mundo si ellos mismos ayunan y prescinden de las cosas más agradables de la vida. Los shivaítas renuncian a cualquier alegría. Algunos recubren sus cuerpos con ceniza o se ponen ropas desgarradas y llevan los pelos largos. Se acuestan sobre carbón ardiente y duermen sobre una cama de clavos. Y ayunan con frecuencia.

Los shaktis rezan a la diosa Shakti, que, según ellos, creó el mundo y le dio la fuerza originaria. Así que Shakti es comparable con la madre naturaleza. Sus seguidores pasan el tiempo meditando sobre cómo los dioses crearon el mundo.

Los smarta reciben su nombre de la palabra que significa «recordar». Enseñan la religión hindú a los pobres y les dicen cómo deben vivir y lo que deben hacer.

12

¿Quién trabaja para Dios?

Trabajar para Dios es una cosa fantástica. El jefe es invisible. Se va a muchas grandes fiestas, donde hay buena comida y se hacen sermones en los que se dice a otras personas cómo deben vivir y en los que, de vez en cuando, se puede introducir un chiste. Pero sucede que, un buen día, una familia te visita en la iglesia o en la sinagoga, o en la mezquita o en el templo o en la pagoda y pregunta: «¿Por qué ha tenido que morir esta y esta persona, que nosotros amábamos tanto?» Entonces hay que explicarles por qué sucede eso y hay que consolarlos. Así pues, el trabajo para Dios puede ser también bastante estresante.

A las personas que trabajan para Dios se les llama *sacerdotes*. Muchos hacen ese trabajo con dedicación exclusiva y se les paga por ello. Otros trabajan para Dios sin recibir nada y se ganan su dinero en otra profesión. Casi todas las religiones tienen sacerdotes que no trabajan en otra cosa. Según sea la religión, se les llama con un nombre distinto y tienen distintos cometidos, pero todos los sacerdotes intentan, en la medida de sus posibilidades, fortalecer nuestra esperanza y acercarnos a la fe, con el fin de que en el futuro hagamos más cosas buenas. Mucha gente no sabe cómo se hace uno sacerdote, por eso queremos explicar en este capítulo cómo es en cada una de las religiones.

¿Cómo se hace uno rabino?

Para ser rabino hay que ser, en primer lugar, judío. Como hemos dicho, se es judío o bien porque la madre de uno es judía o si te conviertes al judaísmo, aunque algunos judíos creen que es suficiente con tener un padre judío. Lo importante es ser educado como judío. Da lo mismo cómo, pero, en cualquier caso, hay que ser judío antes de poder ser rabino.

Además, se necesita una amplia formación judía, que se recibe de dos formas: O bien uno va a una escuela judía o a una escuela normal y asiste los fines de semana por la tarde a la escuela de la sinagoga.

Hay escuelas judías desde el primer curso hasta la secundaria. Las escuelas para los judíos ortodoxos reciben el nombre de *yeshiva*. En ellas, solamente se permite la asistencia a los chicos, ya que las chicas judías ortodoxas no pueden ser rabinos. Ellas solamente pueden ir a una escuela para chicas. Por el contrario, las mujeres de otras tendencias judías sí pueden ser rabinos. Asisten, junto con hombres judíos, a *seminarios*, como se llaman las escuelas de rabinos y otras escuelas donde se forman sacerdotes.

El que quiera asistir a uno de esos seminarios, lo hace durante cuatro, cinco o seis años después de la enseñanza obligatoria. Al terminar recibe un diploma en el que consta que el titular del mismo es un auténtico rabino y que puede cumplir con todas las funciones de un rabino.

¿Cómo se hace uno sacerdote católico u ortodoxo, monja o monje?

El que quiera convertirse en un sacerdote de estos, tiene que pertenecer a la iglesia católica, a la iglesia episcopal o a la iglesia cristiana ortodoxa. Para ello, hay que estar bautizado y confirmado. El que va a la iglesia y tiene suficiente edad, recibe clases de religión. Y a quien le gusta lo que aprende, quizá quiera ser monaguillo. Hasta no hace mucho, en la iglesia católica solamente les estaba permitido a los chicos ser monaguillos. Ahora también las chicas pueden ayudar en el altar. Los monaguillos están atentos a que el sacerdote tenga suficiente vino, agua y pan.

Los seminarios católicos preparan sacerdotes, llamados sacerdotes *diocesanos,* para trabajar en parroquias locales. La formación comienza después de la enseñanza secundaria y los estudios filosófico-teológicos duran cinco años. Uno de esos cinco años se trabaja en una comunidad para comprobar si a uno le gusta. El que no desea ser sacerdote diocesano, puede entrar en una *orden.* En una orden viven juntos sacerdotes o monjes o monjas y trabajan conjuntamente para Dios (Las monjas y los monjes no son sacerdotes y no pueden decir misa). Los franciscanos, por ejemplo, trabajan para los pobres. Los jesuitas y algunas órdenes benedictinas dan clases, sobre todo. Otros, como la orden de los misioneros de Maryknoll evangelizan y los trapenses rezan mucho y, en su tiempo libre, hacen buenas mermeladas y elaboran miel. Todas las órdenes de la iglesia católica y otras iglesias cristianas realizan trabajos religiosos y cada orden, a su manera, se dedica a Dios (El que quiera entrar en una orden religiosa, que esté magníficamente situada sobre una montaña y produzca mermelada y miel, ése quizá tendrá que esperar un poco. Pero aquel que quiera ayudara enfermos en Calcuta, probablemente pueda empezar enseguida).

El que entra en una orden, se desprende de todas sus cosas personales y lo que gana va a parar a la orden. Como párroco, tiene algunos ingresos, sin embargo éstos no son nada elevados.

Para hacerse monje o monja hay que ir a un *noviciado*, una especie de escuela donde se aprende todo sobre la religión y la orden en la que se quiere entrar. Todos los monjes y todas las monjas pertenecen, como ya hemos indicado, a una determinada orden, pero no es así con los sacerdotes diocesanos. Después de terminar el seminario, el seminarista es consagrado sacerdote. Seguidamente se le adscriba una parroquia. El sacerdote católico es asignado por su jefe, el obispo, a una determinada parroquia. En estas decisiones, los miembros de la comunidad religiosa no tienen mucho que decir. En la iglesia episcopal, la comunidad de fieles elige ella misma al sacerdote, aunque el obispo tiene que dar su aprobación.

En algunas religiones, las personas pueden determinar quién les debe dirigir y en otras no sucede así. Ambas posibilidades tienen cosas positivas y negativas. Ciertamente está muy bien poder escoger al sacerdote, pero si no es elegido por la comunidad tampoco tiene que tener miedo de ser despedido por los fieles. Así que tiene sus ventajas e inconvenientes, pero lo importante es que aquel que busca, encuentre un lugar donde se sienta bien acogido y pueda vivir su religión como considere correcto.

Y todavía algo importante: Todo el mundo sabe que como sacerdote católico no se puede contraer matrimonio. Así pues, se exige mucho de los sacerdotes y hay un gran debate al respecto. Nosotros no queremos tomar partido en este punto, solamente indicar que renunciar al matrimonio, con todo lo negativo que pueda tener, tiene también algo bueno: Los sacerdotes célibes no tienen que dejar sola a una familia cuando ayudan a otras personas, algo que a veces resulta difícil para aquellos sacerdotes cuyas religiones les permiten casarse.

Los sacerdotes de la iglesia episcopal y de la iglesia ortodoxa pueden casarse, aunque en el caso de los ortodoxos solamente antes de haber sido consagrados y después no pueden ser obispos.

¿Cómo se hace uno pastor evangelista?

El que quiera ser pastor tiene que estar bautizado y ser protestante.

Hay tantas y tan diversas iglesias protestantes que uno puede hacerse pastor de distintas formas. Por lo general, funcionan de manera parecida a los sacerdotes católicos y a los rabinos. Una vez finalizada la escuela, se ingresa en la universidad donde se estudia teología. Una vez concluido el estudio, se comienza como vicario en una parroquia. Para conseguir un puesto de pastor, hay que presentarse a la comunidad y la gente de la iglesia decide si se acepta o no. Los pastores pueden casarse y formar su propia familia.

En los Estados Unidos de América, hay iglesias protestantes, como la de Pentecostés y algunas de las iglesias baptistas del sur, donde un niño puede ser pastor, algo poco frecuente, pero puede suceder si un niño predica francamente bien y quiere realmente trabajar para Dios.

Algunos pastores protestantes no han estudiado nunca y, sin embargo, se han convertido en pastores. Esto no está bien considerado por algunas personas porque, dicen, no se va a un médico que no haya estudiado medicina y tampoco a un abogado que no haya estudiado derecho. Se preguntan: «¿Por qué vamos a ir a un pastor que no ha estudiado?». La respuesta suele ser que no es lo mismo si se es médico o abogado o se predica la palabra de Dios. En ocasiones, Dios habla a través de personas muy sencillas, que no tienen ninguna clase de estudios. Muchos de los profetas de la Biblia pertenecían al pueblo llano. Por ejemplo, el profeta Amós era ganadero y cultivaba higos. Así que un pastor que no ha encontrado a Dios por el camino usual puede ser algo magnífico. Pero hay que tener cuidado: Si un pastor ha estudiado su profesión, conoce las enseñanzas cristianas de su fe, pero aquel que procede solamente del barrio de al lado quizá esté predicando solamente su propia opinión y no la verdadera palabra de Dios. Por eso, si alguien quiere seguirlo en el camino hacia Dios, es mejor que primero mire lo que hace y cómo vive antes de escuchar lo que dice.

¿Cómo se hace uno imán?

Para ser imán, primero hay que ser musulmán. Para eso hay que saber recitar la Chahada, algo que la mayoría de los niños musulmanes de siete años ya es capaz de hacer. La ceremonia de recitar la Chahada se llama *b'shmallah*.

Así pues, primero se va a la mezquita a aprender el Corán y las oraciones. Al que le guste, ése sigue aprendiendo continuamente de los musulmanes mayores que conocen bien el Corán. Esos expertos en el Corán reciben el nombre de *mullahs*. Un mullah es un maestro del Corán. También los *muftis* enseñan el Corán, pero, por lo general, son jueces que determinan asuntos religiosos en nombre de los dirigentes de los países musulmanes. Una vez que se ha aprendido mucho, quizá uno pregunte a los musulmanes de la mezquita si puede recitar el Corán. Al que conozca mejor el Corán y aplique mejor en su vida la enseñanza del Corán, se le pregunta si quiere ser imán.

El imán es algo totalmente distinto de un sacerdote, pastor o rabino. Un imán sunita tiene siempre otra profesión y no vive solamente de ser imán. Tampoco es imán toda su vida, sino que es relevado por otro. Cada mezquita tiene su imán, porque todas las mezquitas necesitan a alguien que recite primero las oraciones que los fieles deben repetir.

Por el contrario, entre los musulmanes chiítas, el ser imán es algo mucho más importante. Los chiítas solamente permiten que haya un solo imán en todo el mundo, que es para ellos algo así como el papa para los católicos. Sus seguidores creen que él anuncia aquello que anunciaría Mahoma si todavía viviera.

¿Cómo se hace uno monje budista?

Para ser monje budista, primero hay que ser budista; para ello, hay que hacer la profesión de fe budista de los «Tres refugios»: «Yo voy a Buda como mi guía. Yo voy al dharma como mi guía. Yo voy al samgha como mi guía». Los budistas tibetanos hacen profesión de un cuarto refugio: «Yo voy al Lama como mi guía».

Cuando un niño budista tiene aproximadamente cuatro años, sus padres le enseñan a juntar las manos y a cruzar las piernas para rezar. Las familias budistas van, por lo general, una vez a la semana al templo, pero no hay un día especial para ello, como el sabbat para los judíos o el domingo para los cristianos. Ese día no comen nada y no beben vino, ni escuchan música, no ven televisión y tampoco se maquillan.

Los monjes budistas no tienen ninguna pertenencia. Están todo el día ocupados con las enseñanzas de Buda y mendigan la comida necesaria para vivir. Aquel que visite Laos, Thailandia u otros países budistas, debería levantarse una mañana muy temprano para presenciar cómo los habitantes de las aldeas esperan en las calles a los monjes budistas, que vienen a recoger el arroz en sus escudillas. No habla nadie. Los monjes aparecen, reciben el arroz y regresan, todavía en la difusa luz de la mañana, a sus conventos.

Los monjes budistas meditan mucho. Se sientan, totalmente inmóviles, respiran lentamente y limpian su espíritu de todo pensamiento molesto. Tienen que saber leer los antiguos libros budistas, que fueron escritos en sánscrito. Como monjes budistas, pueden celebrar ceremonias nupciales y entierros y, naturalmente, instruir a otras personas en su fe. Los monjes intentan vivir como Buda vivió. En esto se parecen a los sacerdotes cristianos, monjes y monjas que quieren vivir como Jesús y los imanes que quieren vivir como Mahoma.

Ya que de ninguna forma se puede olvidar algo: El que trabaja para Dios no sólo tiene que tener cuidado con lo que dice, sino también con cómo vive. Las personas que trabajan para Dios tienen que vivir de manera que los demás los señalen y les digan: «Ése es un santo. Es una persona que intenta vivir como Dios quiere que nosotros vivamos». Los monjes budistas tienen una bonita forma de realizar esa alta exigencia: Se reúnen todos dos veces al mes en el monasterio y se cuentan unos a otros a qué regla han faltado, después piden perdón y son perdonados.

En el budismo Mahayana, los monjes pueden casarse e incluso vivir fuera del monasterio. En el budismo Theravada esto no está permitido; los monjes no se pueden casar y tienen que vivir en el monasterio. En todas las tendencias del budismo, las mujeres pueden ser monjas y *todos* los hombres budistas, entre los siete y los veinte años de edad, tienen que vivir, por lo menos, una semana, normalmente incluso un año, como monjes. Un hombre casado necesita la autorización de su mujer e hijos si quiere vivir varias semanas como monje. Un grupo de monjes que viven juntos recibe el nombre de *samgha*.

¿Cómo se hace uno sacerdote hindú?

Para ser sacerdote hindú se tiene que ser hindú. Algunos hindúes creen que uno puede convertirse al hinduismo, pero la mayoría cree que hay que nacer ya hindú. Eso es una historia complicada y volveremos a ella más adelante.

Solamente los hindúes de la casta de los brahmanes pueden ser sacerdotes, pero no todos los brahmanes son sacerdotes. La pertenencia a esta casta se hereda de padres a hijos, así pues uno sólo es brahmán si papá lo fue. El hijo de un brahmán aprende sánscrito en la escuela, el lenguaje sagrado de los hindúes, aprende a leer, a cantar y a hablar. La clase de sánscrito comienza cuando tiene doce años de edad y dura diez años. Con veintidós años ha terminado y recibe de su principal maestro una carta en la que consta que él ahora es un sacerdote hindú.

Los sacerdotes hindúes dirigen el culto divino y enseñan los sagrados libros en sánscrito, pero, sobre todo, son expertos en astrología, algo que es muy importante en el hinduismo. La *astrología* intenta leer el futuro en el movimiento de los planetas y de las estrellas. Los sacerdotes hindúes se sienten muy próximos a sus semejantes: Los ayudan, los casan y les planifican la incineración para después de su muerte. Las mujeres no pueden ser sacerdotes en el hinduismo.

Los místicos hindúes reciben el nombre de *yoguis*. La palabra *yogui* significa en sánscrito «alguien que llega a ser uno con Dios». Los yoguis viven en casas apartadas llamadas *ashrams*. En esas casas dan clases unos maestros especiales llamados *gurús*. Antiguamente un gurú iba a buscar a las personas y las alejaba de la ciudad, del trabajo y de las demás personas para mostrarles cómo uno encontraba la *moksa*, esto es, cómo uno se libera del mundo. Actualmente muchos gurús enseñan todo lo contrario: La gente debe quedarse en la ciudad con otras personas y ayudarlas a encontrar, a su vez, la *moksa*.

Los yoguis aprenden, sobre todo, a aproximarse a Dios a través de la respiración. La mayoría de las personas respiran sin pensar en nada, pero los yoguis aprenden a respirar profundamente y su respiración está llena de devoción y amor. Esa técnica de respiración es como meditar. El espíritu se vuelve libre para la verdad y para la moksa. Hacerse yogui significa aprender cómo se domina totalmente cuerpo y espíritu. El yoga es una enseñanza especial y misteriosa que nos recuerda que estar unido a Dios es algo totalmente natural, tan natural como respirar.

13

¿Cómo se construye una casa para Dios?

No es tan fácil construir una casa para Dios. Dios es grande y, por eso, quizá se quiera construir una casa muy grande. Sin embargo, te das cuenta de que Dios habita en cada una de las personas y, por consiguiente, ha creado todas las cosas bellas de la tierra; entonces su casa debería estar amueblada con cosas bellas. Sin embargo, te das cuenta de que Dios también ha creado cosas sencillas, así que quizá en su casa debería haber sólo cosas sencillas. Así que construir una casa para Dios no es nada fácil. Aquel que se fije un poco, comprobará rápidamente que todas las religiones en el mundo se han esforzado en construir casas para Dios. Algunas son grandes y altas, otras pequeñas y estrechas, algunas majestuosas, otras sencillas. Cada casa de Dios nos dice algo de Dios y de las personas que la construyeron. Aquello en lo que nosotros creemos lo encontramos o bien en un libro o grabado en madera o en piedra o pintado sobre cristal. Las grandes casas de Dios son como canciones, sin música, a Dios y como poemas sin palabras.

Una casa de Dios tiene que cumplir tres funciones: Tiene que ser adecuada para rezar, uno tiene que averiguar en ella algo sobre la religión y sobre Dios y en ella se tiene que poder celebrar días festivos religiosos.

Sinagoga

Una casa de Dios judía recibe el nombre de *sinagoga*. Una sinagoga tiene, por lo menos, dos espacios claramente diferenciados. En uno de ellos, llamado *bet ha-knesset* («casa de reunión») se reúnen los judíos para rezar y leer la Torah en voz alta; en el otro, los niños y adultos aprenden cosas sobre el judaísmo. Esa parte de la sinagoga se llama *bet ha-midrash*.

El espacio donde rezan los judíos puede ser construido de forma muy distinta, pero siempre tiene en la parte delantera un lugar llamado *arón hakodesh*, un arca sagrada, en la que se guardan los rollos de la Torah. El lugar de los oficios divinos tiene que estar orientado hacia Jerusalén, aunque no siempre es tenido en cuenta. En Brooklyn, por ejemplo, donde los edificios están apiñados unos al lado de otros, sencillamente no se puede construir un edificio orientado hacia el Este. Cuando se tiene que determinar, al rezar, si uno se orienta hacia el Este o hacia donde se encuentra la Torah, siempre se decide por la Torah.

Las sinagogas de los judíos ortodoxos tienen un espacio algo distinto a las de los judíos reformistas, las de los judíos conservadores o a las de los judíos reconstruccionistas. La gran diferencia estriba en que los hombres y las mujeres se encuentran separados durante los oficios divinos. La malla divisoria recibe el nombre de *mejitzah*. O bien los hombres se sientan delante y las mujeres atrás o los hombres se sientan a un lado y las mujeres a otro. A veces, las mujeres se sientan arriba, en una especie de tribuna, y los hombres abajo, en el espacio central.

También en el Islam, los hombres y las mujeres se encuentran separados en los oficios religiosos. Las personas deben pensar en Dios y no en mujeres u hombres. Algunos creen que eso es más sencillo a través de una separación. Uno de los motivos principales para que ambos sexos se sienten juntos, para que las mujeres puedan dirigir oficios divinos y puedan hacer lo que antes se reservaba a los hombres, fue lo que propició que se desarrollara el judaísmo no ortodoxo. Los tiempos cambian, pero no cambian en todas partes.

Sobre el arca con los rollos de la Torah arde una luz, una vela en un candelabro o una pequeña bombilla. En todas las sinagogas arde esa *ner tamid*, «la luz eterna». Tomado literalmente, significa que la luz arde verdaderamente siempre, pero una vela termina consumiéndose y la luz eléctrica, como la televisión, se apaga si el fluido eléctrico se va. Así pues, se trata de *una especie* de luz eterna y recuerda a la luz en el templo de Jerusalén que, según la Biblia, ardía día y noche, como símbolo de que Dios está con nosotros para siempre por toda la eternidad. Y eso es, si se piensa bien, un tiempo muy largo.

Iglesia

Muchas iglesias están construidas como cruces; constan de un largo espacio y de otro más corto que atraviesa al largo perpendicularmente. Ese espacio largo se denomina *nave* y el más corto *crucero*. En el centro, donde se cruzan ambos, está el altar. Allí se coloca el sacerdote cuando reza o dice misa. En las iglesias sin crucero, el altar está al final de la parte oriental de la nave. En algunas iglesias protestantes no hay altar.

La mayoría de las iglesias tienen también sitio para un órgano, un coro y para el director del coro, así como para la persona que leen en voz alta la Biblia y dice oraciones. También hay un *púlpito*, desde el que el sacerdote o el pastor predica.

En las iglesias con altares, por lo general, también hay una cruz o un crucifijo en el altar. Un crucifijo es una cruz con la figura de Jesús crucificado. En algunas cruces, la figura de Jesús, recubierta con un largo paño, no está clavada en la cruz, sino que flota por encima. A este tipo de cruces se les llama *Christus Rex* y recuerdan a las personas la resurrección de Jesús.

En las iglesias católicas, ortodoxas y en muchas de las episcopales hay un *tabernáculo*, una especie de arca en la que se guarda el pan consagrado por el sacerdote. Cuando el pan consagrado está en el tabernáculo, arde una luz cerca de éste.

Muchas iglesias tienen también la *pila de bautismo*, que se asemeja un poco a un baño para pájaros o a una bañera para bebés. En todas las iglesias católicas, en algunas luteranas y en todas las episcopales hay catorce cuadros colocados en la pared y cada uno de ellos tiene un número. Los cuadros tienen el nombre de *estaciones del Viacrucis* y recuerdan la historia de la muerte y resurrección de Jesús. En la Semana Santa, la semana anterior a la Pascua, muchos cristianos recorren el Viacrucis, deteniéndose delante de cada una de las catorce estaciones para recordar esas historias.

Muchas iglesias y sinagogas tienen ventanas policromadas que hacen muy bella la luz que se filtra a través de ellas. Esos ventanales, llamados *vidrieras*, representan, en las iglesias cristianas, escenas de la vida de Jesús. En las sinagogas, los cristales de los ventanales están ornamentados con imágenes de la Torah o de los diez mandamientos. Las vidrieras policromadas cuentan de forma maravillosa la historia de una religión.

En las iglesias ortodoxas, los espacios del altar y la nave central están separados, uno de otro, por una mampara o una pared con tres puertas, de forma que la comunidad de creyentes no vean lo que hace el sacerdote en el altar. Esa pared divisoria recibe el nombre de *iconostasio*, que significa «pared donde cuelgan los iconos». Los iconos son cuadros sagrados que significan algo muy especial para los cristianos ortodoxos y les ayudan en la oración.

Mezquita

También las mezquitas están divididas en dos partes. Hay una plaza, donde uno se lava antes de la oración y, dentro, un gran espacio para la oración. En el espacio reservado a la oración, casi siempre se encuentran extendidas bellas alfombras, pero no hay ningún mueble. Los musulmanes rezan de forma muy distinta a los judíos y a la mayoría de los cristianos. No tienen sillas ni largos bancos de iglesia. Si uno se arrodilla o inclina hacia adelante, como hacen los musulmanes al rezar, los asientos son un estorbo. Tampoco los hindúes o los budistas tienen asientos en sus templos e incluso algunas iglesias cristianas ortodoxas prescinden de ellos.

En todas las mezquitas se encuentra un pequeño entrante redondo en la pared que señala en dirección a la Meca. Se le llama *mihrab*, en cuya parte derecha está ubicado un púlpito, desde el que el imán predica todos los viernes al mediodía, cuando se han reunido los musulmanes para orar. El sermón del Islam se llama *khutba*.

En las mezquitas y en muchas sinagogas no se ven cuadros de personas. Los musulmanes y muchos judíos creen que se peca contra el segundo mandamiento si se reproduce a los santos, profetas y maestros. Creen que cualquier imagen de una persona o de un animal puede convertirse en fetiche, que entonces son adorados en lugar de adorar a Dios y, en consecuencia, no cuelgan ni colocan imágenes en la casa de Dios. Lo más que se puede encontrar en las paredes y techos de las mezquitas son versículos del Corán, escritos en árabe, o quizá dibujos geométricos.

Todas las grandes mezquitas tienen una torre alta y delgada, llamada *minarete*, desde donde el *muecín* llama a la oración. La esférica cúpula sobre el espacio reservado a la oración y el minarete pueden verse generalmente desde muy lejos e indican que allí se encuentra una mezquita. La gran mezquita de la Meca tiene siete minaretes. Todas las demás del mundo lo máximo que tienen son cuatro.

Templo hindú

El que entra por primera vez en un templo hindú lo primero que encuentra es una gran estatua del dios venerado en ese templo como dios principal. También hay un lugar donde se le ofrece comida a ese dios. La estatua está en una gran sala, exactamente en el centro del templo con una torre encima. El templo hindú cuenta también con una sala más pequeña para la oración, que cuenta, a su vez, con una torre. Todo ello está rodeado de un bello patio con torres y jardines y un alto muro cerca todo el recinto del templo. En la mayoría de los templos hay una bañera, porque los hindúes tienen que lavarse todo el cuerpo antes de orar. También se alza una torre sobre el depósito para el agua del baño.

Templo budista

En el budismo hay tres clases de lugares sagrados: En primer lugar, está el *stupa*, una construcción en forma de colina de piedra y tierra que se levanta sobre una reliquia y se parece a una gran gominola. Una reliquia es un trozo de los huesos de Buda o de su ropa. Los restos de Buda fueron distribuidos en ocho stupas por toda la India. Si la stupa tiene una torre de vigilancia, recibe el nombre de *pagoda*. En China, a las pagodas se las llama *t'a*. Tienen muchas torres y pueden alcanzar hasta los sesenta metros de altura. Además, tienen una planta octogonal, por las ocho grandes enseñanzas del budismo. A veces son de ladrillo rojo.

La Pagoda Dorada de Rangún, en Birmania, es conocida como *Shway Dagon*. Según la creencia budista, en ella se guardan los ocho pelos de Buda. La punta de la cúpula es de oro auténtico. Los budistas de todo el mundo peregrinan a esa pagoda, lo mismo que los musulmanes a la Meca.

14

¿Puedo hablar con Dios?

Hablar no es ni la mitad de importante que escuchar. El que habla, sólo escucha su propia voz. Pero el que escucha quiere oír algo que lo haga más inteligente. Todas las religiones nos enseñan a escuchar.

Las religiones que creen en un único Dios enseñan a escuchar a Dios. No es difícil escuchar a Dios. Lo verdaderamente difícil es creer que lo que uno escucha procede, efectivamente, de Dios. Oímos a Dios cuando una voz interior nos dice: «¡No robes chocolate!» o «¡No le rompas las narices a Juan!». Esa voz interior se llama nuestra conciencia, pero, en verdad, es la voz de Dios que nos ayuda a ser mejores personas.

También escuchamos a Dios cuando oímos golpear las olas en la orilla del mar o cantar a los pájaros en los árboles. Dios tiene muchas voces y nosotros tenemos muchos oídos. Casi todas las personas que pueden hablar bien con Dios han escuchado primero atentamente a Dios.

Hablar con Dios se conoce con el nombre de *rezar* y lo que uno le dice a Dios se llama *oración*.

Algunas de las oraciones que dirigimos a Dios jamás fueron dichas por nadie con anterioridad. Son las oraciones personales. Nos salen del alma y se deslizan hacia fuera por la boca y encuentran el camino directo hacia Dios.

Otras oraciones tienen siempre las mismas palabras. Son las oraciones colectivas, que vienen escritas en los libros de oraciones. En todas las religiones que creen en un único Dios, nos encontramos esas oraciones colectivas. Incluso en las religiones de varios dioses conocen cánticos y meditaciones que, en realidad, funcionan como oraciones.

La razón de ser de las oraciones se explica porque todas las personas tienen que tener la posibilidad de decir cuatro cosas. Esas cuatro cosas son: ¡Gracias! ¡Estupendo! ¡Por favor! ¡Perdón! Veámoslas detenidamente.

Oraciones de gracias

Darle las gracias a otra persona es bueno y correcto. Y dar las gracias a Dios, si uno habla con Él, es incluso muy bueno. En la oración de gracias, expresamos lo siguiente: «Querido Dios: Yo sé que todo lo bueno que he conocido, en realidad, no lo merezco. Yo sé que Tú eres la razón por la que el bien llegó al mundo y por eso quiero dar las gracias por todas las cosas buenas que he conocido y que, cada día, sigo conociendo. Quizá no lo diga con suficiente frecuencia, pero es así. ¡Gracias!

Si agradecemos siempre a Alá por las pequeñas cosas, así lo enseñan los musulmanes, entonces no olvidemos darle las gracias por las grandes cosas de la vida. El Corán enseña: «Dios creó la noche para vosotros, para que podáis descansar, y el día para que podáis ver. Verdad es que Dios contempla a las personas lleno de compasión y bondad, pero la mayoría de las personas no lo agradecen».

Las oraciones de gracias de los budistas no van dirigidas a Dios, porque los budistas no creen en un único Dios. En su lugar, rezan a Buda: Debemos recordar que nosotros jamás podremos agradecer suficientemente a Buda por todo lo que él ha hecho por nosotros. En el Lotus Sutra se dice: «Tú, el más excelso del mundo (Buda), eres el gran donador de las cosas. Tú, por amor hacia nosotros, nos has enseñado y ayudado. Jamás nadie podrá pagarte tu donación, aunque lo intente durante cientos de millones de años (una kalpa es un tiempo muy, muy largo). Nadie jamás podrá pagarte tu donación, aunque te lleve sobre sus espaldas y te venere desde lo más profundo de su corazón por tantas kalpas como granos de arena hay en el Ganges».

Si uno no da las gracias es como si robara algo bueno a Dios. El pueblo de los yorubas de Africa se expresa así: «Aquel que ha recibido una alegría y no da las gracias es peor que un ladrón que nos quita nuestras cosas».

El cristianismo enseña que podemos dar las gracias a Dios a través de su hijo Jesús. Y, efectivamente, los cristianos dan las gracias a Dios porque, sobre todo, les envió a Jesús. Pablo dijo: «Todo lo que vosotros hagáis de palabra y obra sucede en nombre de Jesús, el Señor. A través de Él, damos las gracias a Dios, el Padre».

Los judíos conocen una oración de gracias para los tiempos en que nos van bien las cosas: «Alabado seas Tú, Señor nuestro Dios, que nos mantienes en vida y nos ayudas y haces que vivamos este tiempo de alegría». Sin embargo, el judaísmo también nos enseña a ser agradecidos en todos y no solamente en los buenos tiempos. Los rabinos dicen: «No seáis como la gente que solamente honra a su Dios cuando les va bien y le maldicen cuando les va mal. Tanto en la alegría como en la pena, ¡sed agradecidos!».

Oraciones de alabanza

Las oraciones de alabanza no solamente van dirigidas a una persona determinada, sino que incluye a todo el mundo. Cuando vemos algo bello o grandioso en alguna parte del mundo, decimos una oración de alabanza. Si vemos el arco iris, deberíamos alabarlo con una oración. Lo mismo deberíamos hacer cuando escuchamos el retumbar de los truenos o contemplamos una mariposa o un rompiente de mar. En esas oraciones, le decimos a Dios: «Lo que termino de ver, de sentir o de oler es grandioso y bello, maravilloso y me produce un profundo respeto. Digo esta oración para que sepas que yo sé que Tú tienes algo que ver con ello. ¡Continúa haciendo tu buen trabajo!».

Los hindúes tienen una sílaba especial con la que alaban a Dios. Ellos creen que el sonido de esa sílaba viene del alma de todo el universo: *¡Ommmmmmm!* Dicen ¡Ommmmmmm! cuando meditan para notar en ellos el sonido del universo. Muchas oraciones de los hindúes comienzan con ¡Ommmmmmm! Una de las grandes oraciones del Rig-Veda es ¡Ommmmmmm! Meditamos sobre el soberbio esplendor del Santo y Único, el que hace la vida y es un Dios. Quiera él que la luz ilumine nuestro espíritu ¡Ommmmmmm!

Los judíos conocen muchas oraciones de alabanza. Todas comienzan con las palabras: «Alabado seas Tú, Señor, nuestro Dios, Rey de la Tierra...» y le sigue lo que el Rey de la Tierra ha hecho. El que terminaba de oír tronar pronuncia las palabras iniciales y continúa: «...cuya fuerza llena el mundo». El que termina de ver el mar dice: «...que ha creado el inmenso mar». Con el arco iris, uno se acuerda de la historia de la Biblia, según la cual Dios creó, después de Noé y del diluvio, el arco iris para mostrarnos que la tierra no será nunca más inundada y dice: «...Él, que se acuerda de la promesa a Noé y cumple las promesas».

Decimos «fantástico» cuando vemos todos los milagros de esta tierra, del cielo y vivimos todas las vidas y la bendición que las mantiene. Aquel que va por la vida sin decir jamás «fantástico» tiene que ir o bien más despacio o más deprisa o de otra forma para que, por fin, se dé cuenta de los milagros que hay en el cielo y en todas las partes de la tierra.

Una oración de alabanza a los milagros de la creación se encuentra también en el Salmo 8, que escribió el rey David como canción para acompañamiento del arpa: «Señor, nuestro Señor, qué grande es tu nombre en toda la tierra; extiende tus dominios sobre el cielo». También los primeros habitantes de América conocen esa oración sobrecogedora. Una canción de danza de los indios Cree dice: «El cielo me bendiga, la tierra me bendiga. Arriba, en el cielo, hago bailar a los Espíritus; en la tierra, hago que bailen las personas».

Las oraciones de alabanza nos ayudan a encontrarnos con la naturaleza con respeto. Si las cosas de este mundo todavía pueden ser milagros para nosotros, entonces nos fijaremos mejor en ellas. Las religiones nos ayudan a ver esos milagros, de los que hay un montón.

Oraciones de plegarias

Cuando la gente piensa en oraciones se acuerda, por lo general, de oraciones de plegarias. Son las oraciones en las que rogamos a Dios que nos conceda algo o que no nos quite algo que ya tenemos. Las plegarias no son malas mientras que pidamos cosas buenas a Dios, pero si le pedimos cosas que son ridículas o tontas o aquellas por las que nosotros mismos deberíamos preocuparnos, entonces esas oraciones pueden ser también ridículas y tontas.

En el deporte, oímos a veces oraciones bastante bobas cuando, por ejemplo, un jugador de golf pide conseguir un putt o un jugador de baloncesto una canasta. No es equivocado pedir fuerza o valor para superar mejor una derrota o para ser un digno vencedor. Sin embargo, pedir a Dios ganar en un juego no es digno, si tenemos en cuenta la amistad, amor y confianza que deberíamos tener ante Dios y que él siempre tiene con nosotros. Sería como si le pidiéramos a Dios que nos hiciera ricos.

Aquí tenemos algunas de las plegarias de las religiones del mundo. En todas se pide algo a Dios, pero de forma humilde y lo que se pide no es ninguna tontería. La primera es el Padre Nuestro del Evangelio de San Mateo.

Padre nuestro que estás en el cielo,
Santificado sea tu nombre.
Venga a nosotros tu reino,
Hágase tu voluntad
Así en la tierra como en el cielo.
El pan nuestro de cada día dánoslo hoy;
Y perdónanos nuestras ofensas,
Así como nosotros perdonamos a los que nos ofenden;

Y no nos dejes caer en la tentación,
Mas líbranos de mal. Amén.

La oración del pueblo de los Nuder en Sudán, África, se parece al Padre Nuestro:

Padre nuestro, es tu mundo, es tu voluntad,
Déjanos vivir en paz, deja que las almas de las personas estén en paz.
Sé tú nuestro padre, aleja todo el mal de nuestro camino.

En el Libro de los Números de la Biblia Hebrea está la bendición sacerdotal:

El Señor te bendiga y te proteja;
Que el Señor ilumine su rostro sobre ti y sea misericordioso contigo;
El Señor eleve su rostro sobre ti y te conceda la paz.

La siguiente poesía hindú procede del Upanishad:

¡Llévame de lo irreal a lo verdadero!
¡Llévame de la oscuridad a la luz!
¡Llévame de la muerte a la inmortalidad!
Ommmmmmm.

En el Corán leemos la oración:

¡Señor Nuestro! ¡Mira! Hemos oído una llamada que nos llama a la fe: «¡Cree en tu Señor!». Así lo creemos nosotros. Perdónanos por eso nuestros pecados y aleja de nosotros nuestras malas acciones y deja que tengamos la muerte del justo.

Todas ellas son grandes plegarias porque en ellas se trata de cosas buenas que, verdaderamente, a veces no conseguimos realizar con nuestras propias fuerzas. En ellas se pide esperanza y perdón, valor y protección, sabiduría y paz.

Oraciones de perdón

Algunas personas no son capaces de pronunciar la palabra «perdón». Se consideran perfectas y creen que jamás cometen un error, jamás tienen la sensación de herir a alguien, nunca de olvidar algo importante y jamás de hacer una tontería. Pero precisamente en conversación con Dios aprendemos cómo se puede decir que nos arrepentimos de algo. Cuando pedimos perdón al orar, nos acordamos de que hemos hecho algo mal. En la mayoría de esas oraciones, tenemos que decir exactamente qué es lo que hemos hecho mal, para que no podamos escabullirnos. Las oraciones nos recuerdan lo que nuestra religión dice sobre el obrar correctamente, y entonces sabemos también qué es lo que tenemos que hacer mejor la próxima vez. Pero quizá lo más importante es que, a través de la oración, conseguimos valor para poder mirar de nuevo a las personas que hemos herido y pedirles perdón.

Aquel que dice lo que ha hecho mal, que se da cuenta de lo equivocado que estuvo e intenta reconciliarse con el otro, ése lleva una vida mejor. Intentar llevar una vida mejor es algo muy difícil, pero es lo mejor que uno puede hacer. Las religiones nos ayudan en esto y es uno de los motivos principales por el que siempre existirán.

Una de las grandes oraciones de perdón procede del judaísmo. Entre los judíos, se celebra el día festivo de Yom Kippur, en el que, durante todo el día, los judíos rezan, no comen ni beben e intentan reconciliarse con Dios y entre ellos. Cuando comienza la oración del perdón, todos se ponen de pie en la sinagoga y enumeran una larga lista de pecados, que empieza con las palabras: «Por los pecados que hemos cometido contra ti, Dios, por....». Son enumerados los pecados que uno ha cometido consigo mismo y con otras personas como, por ejemplo, cuando no se trata con el debido respeto a los padres y profesores, cuando se ha engañado, cuando se ha obligado a hacer algo a otra persona solamente porque uno es más fuerte, cuando se ha estado furioso o envidioso, o cuando uno ha golpeado a alguien, aunque solamente haya sido en el pensamiento. Después de enumerar la larga lista, se termina con las palabras: «Por todos esos pecados, Dios bondadoso, perdónanos y acepta nuestro arrepentimiento».

También los cristianos cuentan con muchas de esas oraciones, que son dichas al comienzo de los oficios divinos, especialmente una oración de perdón al comienzo de la misa. También tienen una oración especial de arrepentimiento, que dice así: «Dios mío, me arrepiento de todo corazón de todos mis pecados. He obrado mal y he evitado hacer el bien, y he pecado contra ti, que debería amarte sobre todas las cosas. Te prometo firmemente hacer penitencia con tu ayuda, no pecar más y evitar todo aquello que me conduce al pecado. Jesucristo sufrió y murió por nosotros. En su nombre, Dios mío, perdóname. Amén».

Los musulmanes rezan a Dios cinco veces al día y en cada una hay siempre una oración de perdón, que dice: «¡Oh Alá, perdóname y perdona a mis padres! Por favor, bendícelos porque ellos me han educado desde que era un niño. ¡Oh, Alá! Yo he sido muy injusto conmigo mismo y nadie, excepto tú, garantiza protección contra errores. Por favor, protégeme con la protección que viene de ti. Sé bondadoso conmigo. Tú eres el piadoso, el misericordioso».

En el budismo tibetano, también hay una oración de perdón: «En esta vida, que no tiene ni comienzo ni fin, en esta vida, o en otra vida, he hecho muchas cosas mal por ignorancia. También he llevado a otros a hacerlas y fui feliz cuando los otros obraron mal. Hoy me doy cuenta de mis errores y los confieso de todo corazón al protector. Pliego mis manos y pido al Buda de todas las tendencias: 'Por favor, enciende la luz de la enseñanza para los seres que yerran en la oscuridad'».

Los hindúes leen en el Rig-Veda: «¿Cuál es, oh Varuna, mi mayor pecado? Dímelo, Dios, que todo lo sabes y no omites nada, para que yo me incline y pueda pedir perdón. Libéranos del yugo de los pecados de nuestros padres y de nuestros propios pecados. Libera a tu siervo como a un ladrón de sus delitos o a una ternera de su cuerda».

¿Cómo se reza?

Las religiones del mundo celebran sus oraciones colectivas de muy distinta manera y se dan importantes diferencias entre ellas.

En algunas religiones se dicen las oraciones sin calzado, en otras se puede orar con el calzado puesto.

Esto, en un primer momento, puede parecer una diferencia absurda, pero quizá no sea así. Los musulmanes se descalzan para rezar. Creen que se ofende a Dios si se reza calzado porque parecería que uno quisiera marcharse enseguida.

Algunos dicen las oraciones en grupo, otros rezan para sí mismos.

En todas las religiones está permitido rezar solo, cuando se quiere hablar muy personalmente con Dios, pero en algunas religiones se reza conjuntamente. En el judaísmo, por ejemplo, tienen que reunirse diez hombres mayores de trece años si quieren decir sus oraciones colectivas. Entre los judíos no ortodoxos, las mujeres también pueden participar. Esos grupos de orantes reciben el nombre de *minyán*. Deben reunirse tres veces al día para orar, pero, de hecho, se unen la segunda y la tercera oración, de forma que los judíos creyentes solamente rezan dos veces al día –por la mañana y por la noche–.

El hinduismo enseña que se debe rezar tres veces al día: Una antes de salir el sol, otra después de ponerse el sol y la tercera por la noche. Los hindúes se lavan antes de la hora de la oración, algo nada complicado, porque la mayoría reza en casa. Los hindúes también preparan comida para los dioses. Cuando entran en un templo, se inclinan profundamente hacia adelante hasta que la frente toca el suelo y abandonan el templo andando siempre hacia atrás para evitar darle la espalda al dios.

Los musulmanes rezan cinco veces al día, solos o con otros. Las oraciones reciben el nombre de *salat*.

En muchos oficios divinos, uno se inclina hacia adelante como señal de que somos muy pequeños en comparación con Dios. Muchos cristianos se inclinan ante el altar y los judíos lo hacen ante el arca con los rollos de la Torah.

Los musulmanes se inclinan en dirección a la Caaba, en la Meca. Se tienen que inclinar en cada oración varias veces: Tres después de la puesta de sol, cuatro por la noche, dos en el crepúsculo matutino, cuatro veces al mediodía y cuatro por la tarde.

La oración musulmana comienza con las inclinaciones. La comunidad de creyentes está detrás del imán en largas filas. El imán reza en voz alta y los demás repiten sus palabras en voz baja. En todos los oficios divinos se dice «*Allahu akbar*», que significa «Dios es grande». También dicen la primera palabra del Corán. Al final de la oración, cada persona dice «*as-salamu alaikum*», que significa «la paz sea con vosotros». Los musulmanes hacen diversos movimientos con el cuerpo mientras rezan: Tocan el suelo con la nariz, se sientan sobre los talones y se arrodillan. Los judíos ortodoxos, al rezar, se balancean hacia adelante y hacia atrás y también se inclinan con frecuencia. Llaman *davening* al rezar. Muchas religiones entienden el inclinarse hacia adelante como ayuda, con el fin de que, además de la boca, todo el cuerpo participe en la oración.

Lectura en voz alta de los textos sagrados

En los oficios divinos de casi todas las religiones, parte de los textos sagrados son leídos en voz alta. Las personas aprenden así los textos sagrados cuando se reúnen para rezar. En todos los oficios divinos del Sabbat judío se lee la Torah en voz alta. Los cristianos oyen una lectura del Nuevo y Antiguo Testamento en los oficios divinos; los hindúes, de los Vedas. Los budistas leen de la Sutta, que contiene la historia de Buda. Los oficios divinos están ahí para conocer también los escritos sagrados así como para pedir consejo a Dios.

Cuando los cristianos se reúnen los domingos para rezar, se les lee de la Biblia. Además cantan canciones religiosas y escuchan un *sermón*. En el sermón, el sacerdote o el pastor explica a la comunidad lo que significan las palabras leídas de la Biblia y lo que Jesús haría si Él estuviera allí. En muchas religiones, se da el sermón en los oficios divinos. Los sermones pueden ser muy emocionantes, muy tristes o muy alegres. A veces son también bastante aburridos, pero, ¡no faltaba más!, no es el caso en los sermones de los autores de este libro.

Algunas oraciones sólo las puede decir un sacerdote; otras pueden ser dichas por cualquiera.

Hay dos cosas que solamente pueden ser realizadas por un sacerdote: Oír la *confesión*; esto es, él escucha a una persona que le cuenta todos sus pecados, seguidamente la absuelve y le dice cómo puede repararlo.

Y, segunda, solamente un sacerdote puede decir *misa*. En la misa, los cristianos recrean, una vez más, la última cena de Jesús. Comen pan y beben vino para estar tan cerca de Jesús que lo sientan dentro de ellos. En realidad, la misa es una gran devoción compartida. Tomar el pan y el vino consagrados se llama *comunión* o *recibir la sagrada comunión*.

Casi todos los cristianos tienen los oficios de la comunión. Los católicos y algunas comunidades de la iglesia episcopal reciben la comunión todos los domingos y podrían, incluso, recibirla todos los días. Algunos luteranos y cristianos ortodoxos la reciben cada semana, otros solamente en los días festivos y algunos domingos especiales del año. Algunos protestantes –baptistas, metodistas, presbiterianos y evangelistas– raramente celebran la comunión.

En el sintoísmo japonés, hay muchas oraciones que solamente pueden ser dichas por un sacerdote sintoísta. Algunas son pronunciadas delante del arca o del altar y son una especie de mensaje a los familiares que han fallecido. Esas oraciones reciben el nombre de *norito*.

También en el budismo y en el hinduismo hay oraciones solamente para sacerdotes. Algunas van dirigidas a los muertos, como en las oraciones sintoístas. Los monjes budistas tienen una forma muy especial de rezar que solamente ellos practican: Tienen una especie de máquina de rezar, llamada torno de rezos. Se introduce un papel con las oraciones en el torno y después se gira el torno. Según la creencia de los budistas, con cada vuelta de torno se dice una vez la oración introducida, con lo que se puede decir mil veces una oración sin que uno se ponga ronco.

15

¿Por qué tienen que sufrir las personas buenas?

Una de las cuestiones más difíciles de comprender de la religión, para la mayoría de las personas, es por qué a las personas buenas les pueden pasar cosas malas. En realidad, a las personas buenas les tendrían que suceder cosas buenas y a las malas, malas. Pero esto no siempre es así. A veces, las personas buenas pierden sus trabajos mientras que las personas malas consiguen los mejores trabajos. Las personas buenas enferman y mueren, mientras las malas disfrutan de una salud de hierro y alcanzan altas edades. ¡Cuánta injusticia hay en el mundo! El Islam, el judaísmo y el cristianismo enseñan que Dios es justo y omnipotente. Pero si Dios es tan justo, ¿por qué hay tanto sufrimiento? Veamos lo que dicen las religiones.

«Nosotros somos los culpables de nuestra desgracia»

Aunque no todas las religiones en el mundo creen en un único Dios, todas, sin embargo, creen que una parte de nuestras desgracias es culpa nuestra. En esos casos, se dice que todo lo que hacemos cae de nuevo sobre nosotros. Lo malo es pagado con malo y lo bueno con bueno. Eso no siempre sucede así, aunque sí frecuentemente. Si uno miente, nadie le cree. Si uno roba, nadie confía en él y si uno es cruel con alguien, nadie le quiere.

Muchas religiones enseñan que las personas son, simple y llanamente, culpables de su muerte. Fuman y mueren de cáncer de pulmón; toman droga y mueren de una sobredosis; comen alimentos grasos y dulces, no hacen deporte y mueren de un infarto al corazón. Siempre es triste cuando alguien muere, pero es especialmente triste cuando las personas son culpables de la forma en que se produce su propia muerte. Las religiones no se equivocan tanto cuando dicen que una parte de las desgracias que nos suceden son por culpa nuestra.

Esto no quiere decir que seamos culpables de *todas* las desgracias que nos suceden, sino solamente de una buena parte de ellas. Pero la pregunta de qué parte es culpa nuestra y qué mala suerte, quedará sin contestar. Así que vayamos a otra reflexión.

«Nadie es culpable de su desgracia»

Aunque una gran parte de las desgracias que nos alcanzan sean ocasionadas por nosotros mismos, no puede ser que todo lo que nos sucede sea culpa nuestra. Los recién nacidos moribundos no han hecho nada equivocado, las personas heridas en accidente de tráfico, ocasionado por otros, no han hecho nada equivocado y las personas que mueren de cáncer o de sida, a pesar de haber vivido sanamente y no haber fumado, tampoco han hecho nada equivocado.

Algo en el mundo permite, pues, que lo malo suceda y ese algo hace que la vida en la tierra sea tan dolorosa. Entre los budistas, el sufrimiento que hay en el mundo se llama *duhkha*. La primera de las «cuatro verdades nobles» del budismo dice que todo es sufrimiento. Para los budistas, lo malo en el mundo sucede porque el mundo es así. El mundo y toda la vida en él nace, se hace viejo y débil y muere. Ése es el rumbo del mundo, del que nada ni nadie puede evadirse y eso nos pone tristes. Esa tristeza es, a su vez, el motivo de nuestro sufrimiento en el mundo. Y la única posibilidad de quitarse de encima lo malo es, según el budismo, tener menos apego a las cosas terrenales y, así, ser liberados del mundo.

Tampoco según la enseñanza judía tenemos la culpa de todo el sufrimiento del mundo. Los judíos enseñan que *olam k'minhago noheg*, que aproximadamente significa «el mundo gira inevitablemente a su manera y algunas desgracias suceden porque el mundo es así y no porque nosotros hayamos hecho algo mal».

Podría ser, naturalmente, que el mundo no sea tan perfecto y, por eso, tuviera algo así como agujeros. Esos agujeros estarían allí donde las cosas todavía no son como deberían ser y Dios mismo los ha puesto en el mundo para que pensemos cómo cerrarlos. Si uno mismo fuera Dios y hubiéramos hecho a las personas con una buena cantidad de inteligencia y con todo el tiempo del mundo, probablemente también querríamos que las personas utilizaran su inteligencia para tapar esos agujeros. Esos agujeros pueden ser enfermedades incurables, inundaciones en nuestras ciudades o catastróficas sequías que destruyen nuestras cosechas. O el hecho de que a uno le salga un grano en la nariz precisamente un poco antes de una cita importante o que una llamada de teléfono se corte en el momento de levantar el auricular. Éstos son algunos ejemplos de los grandes y pequeños agujeros, cuyo cerramiento Dios podría haber dejado en nuestras manos. Nosotros, ciertamente, no somos culpables de la existencia de esos agujeros, pero si no nos esforzamos suficientemente para taparlos, entonces somos responsables de que sigan existiendo.

Es importante saber que algunas desgracias no están ocasionadas por nosotros. Estar enfermo ya es suficientemente grave para que, encima, venga alguien y nos diga que estás enfermo porque has hecho algo malo. Entonces la enfermedad resulta todavía más difícil de llevar. Por eso, algunas religiones explican también que lo malo no es culpa nuestra. Pero lo más importante, eso nos parece a nosotros, es reconocer la diferencia entre las cosas que nosotros mismos hemos provocado y aquellas de las que no somos culpables.

«El diablo tiene la culpa de la desgracia»

Pero también las religiones explican que lo malo en el mundo procede del diablo o de los malos espíritus o los dioses malignos, que nos quieren hacer daño. Todos los niños han oído hablar del «hombre del saco». Creen que el hombre del saco acecha en el armario o debajo de la cama, en el sótano, en el oscuro pasillo o en el bosque. Algunas religiones enseñan que el hombre del saco existe verdaderamente.

Las religiones tienen muchos nombres para el jefe de los hombres del saco o del dios malo. En el judaísmo y en el cristianismo, se le llama *Satanás, Lucifer* o *Belcebú*. En el mazdeismo, se le llama *Angra Mainyu*. Los Dinka, una tribu africana del Sudán, lo llaman *Macardit*. Entre los hindúes, se llama *Shiva*.

Una de las cosas importantes que uno no debe olvidar de ese fantasma o dios malvado es que todas las religiones que enseñan que el mal existe, enseñan, a la vez, que el bien, en verdad, es mucho más fuerte. Eso significa que uno no necesita temer nada si se lleva una vida correcta.

Habría que decir una última cosa sobre el mal que nosotros mismos hemos ocasionado. Hay que tener valor para admitir nuestra culpa. A las personas les gusta hacer responsables a otros de sus errores. Eso no trae nada. Somos culpables de algunas desgracias y de otras no. ¿No sería mejor conocer la diferencia?

16

¿Cómo debemos vivir?

Hemos visto que no todas las religiones creen en Dios y no todas de las que creen en Dios lo hacen solamente en un único Dios. Sin embargo, cada religión nos dice cómo vivimos correctamente. La enseñanza sobre la vida correcta es, junto a la enseñanza de que no debemos tener miedo a la muerte, la enseñanza sobre nuestro lugar en el mundo y cómo rezar correctamente, una de las cuatro cosas que uno encuentra en *todas* las religiones.

También en esto, en cómo debemos vivir correctamente, las religiones están prácticamente de acuerdo, ya que todas ellas saben algo muy bien: ¡Lo que nosotros hacemos es más importante que en lo que creemos! Creer está bien y es bonito y si, además, se hace el bien, entonces es lo mejor de lo mejor. Pero si alguien cree en todas las cosas buenas y, a pesar de ello, no las hace, no es una persona tan buena como alguien que hace el bien, aunque no sepa por qué. *Obrar* es mucho más importante en una religión que creer.

Ahí va una lista de algunas reglas para la vida diaria, según nos las ofrecen todas las religiones:

Trata a los demás como quieres que te traten a ti

Ésta es llamada, en ocasiones, la «regla de oro». Aparecen en casi todas las religiones con casi las mismas palabras y es evidente, ya que si pensamos un poco cómo queremos ser tratados, también sabremos inmediatamente cómo debemos tratar a los demás.

Es sorprendente el número de religiones que conocen esta regla de oro de una u otra forma. En el Talmud judío, leemos: «Las cosas que uno odia no se las debemos hacer a nadie». En el Nuevo Testamento, en el capítulo 6 del Evangelio de Lucas, Jesús les dice a sus discípulos: «Tratad a los demás como queráis ser tratados por ellos». También en el budismo nos encontramos de nuevo con esa máxima. En el libro llamado Udanavarga, leemos de nuevo: «No hieras a los otros de forma que a ti mismo te hieras». En el Mahabharata hindú es expresado así: «No les hagas a los demás aquello que te infringiría dolor a ti si lo hicieran contigo». El Islam enseña en el Sunan: «Solamente eres un verdadero musulmán si deseas para otras personas lo que deseas para ti mismo». Y un aforismo de Confucio dice: «No les hagas a los demás aquello que no quieres que te hagan a ti»

Así pues, cada religión nos dice a su manera que a los demás solamente les debemos hacer aquello que nos guste, pero no lo que no nos guste. La vida puede ser verdaderamente complicada, pero si sigues la máxima de oro se volverá mucho más sencilla y, sobre todo, mucho más agradable.

Respeta la vida

Cristianos, judíos y musulmanes tienen una explicación muy sencilla para explicar por qué debemos respetar la vida: Dios la ha creado y por eso la debemos respetar. En el salmo 24 se dice: «A Dios le pertenece la Tierra y todo lo que la llena, el orbe y sus habitantes».

El mismo motivo se menciona en una canción de los Ashanti africanos en Ghana y en Costa de Marfil:

El arroyo cruza el camino, el camino cruza el arroyo:
¿Cuál de los dos es más viejo?
¿No construimos nosotros el camino para que conduzca al arroyo? El arroyo ya estaba allí mucho, mucho antes.
Fue creado por el creador que creó puras todas las cosas.

También el sintoísmo enseña: «Incluso en la hoja de un árbol o en una pequeña brizna de hierba se manifiesta el Dios majestuoso». Y aprendemos del oráculo sintoísta de Atsuta: «¡Todos vosotros, los que estáis bajo el cielo! Contemplad el cielo como a vuestro padre, la tierra como a vuestra madre y todas las cosas y a todos los seres como vuestros hermanos y hermanas».

En algunas religiones, está prohibido matar cualquier clase de vida, incluso cuando puede parecer inevitable. Los Jainas de la India creen eso y también la mayoría de los budistas e hindúes. La enseñanza de que *siempre* está mal herir o matar a algo o a alguien se llama *ahimsa*. Significa la absoluta no violencia. Los jainas tienen siempre una escoba a mano y barren la calle delante de ellos para evitar pisar algún escarabajo. Dicen: «Lo esencial de un comportamiento correcto es no herir a nadie. Solamente se necesita saber esto: El no herir es religión». Y en otra parte siguen diciendo: «Lo mismo que una madre está pendiente con su vida de la vida de su hijo, quizá tú también pienses en respetar todas las cosas vivas del mundo». Y: «No se debe herir, subyugar, esclavizar, atormentar o matar a ningún animal ni a ningún ser vivo, a ningún organismo y a ningún ser sensible. Esta enseñanza de la no violencia es perfecta, invariable y eterna. De la misma forma que el sufrimiento te depara dolores, el sufrimiento es para los animales, seres vivos, organismos y seres sensibles doloroso, inquietante y aterrador».

Todas las religiones del mundo quieren que respetemos la vida y eso quiere decir, sobre todo, que no quitemos ninguna vida, porque nosotros no somos Dios. Solamente Dios puede dar vida y, por consiguiente, solamente a Dios le está permitido quitarla. La Biblia nos enseña en el sexto mandamiento: «No matarás». En el Talmud, hay incluso una bella historia, que nos enseña lo importante que es para Dios cualquier ser vivo: «Dios creó al comienzo de toda vida a una sola persona y la llamó Adán. Con ello, Dios nos enseña que aquel que quita una sola vida es como alguien que ha quitado toda la vida de la tierra y aquel que ha salvado una sola vida es como alguien que ha salvado todas las vidas en la tierra».

En las leyes hindúes del Manu, se dice: «Aquel que mata es más ateo que un calumniador, más ateo que un ladrón y más ateo que alguien que golpea con un bastón a una persona».

En el Corán leemos que el matar también es odiado por Dios: «Todo aquel que mata a una persona, encontrará la recompensa en el infierno y allí se quedará para siempre. Dios se encolerizará, lo maldecirá y le deparará desgracias».

Así pues, la regla más importante que nos encontramos en todas las religiones del mundo es la de respetar la vida. La mejor forma de seguir esa regla es no matar. Sin embargo, una diferencia es que, en algunas religiones, en *determinados* casos está permitido matar.

¿Se pueden matar animales?

Las religiones que podríamos llamar vegetarianas, como el budismo, prohíben matar animales. Pero el cristianismo, el judaísmo y el Islam lo permiten, siempre y cuando el animal muerto sirva como alimento para uno mismo o para otras personas. En todas las religiones, está prohibido cargar una escopeta, irse al monte y matar animales sin motivo. Esto también lo aprenden los cazadores, porque si no quieren comer los animales cazados, tampoco deben matarlos. Muchos pescadores arrojan de nuevo al agua los peces que no van a comer.

Nosotros creemos que los vegetarianos, que no comen carne, tienen buenos argumentos. En nuestra opinión, si se puede vivir sin tener que matar otras vidas para comer, es un buen modo de entender la vida. Creemos que todas las personas deberían intentar vivir su vida de forma que necesiten matar lo menos posible a otros seres vivos. Quizá deberíamos recordar lo que los yorubas africanos enseñan a sus hijos: «Si coges un palo afilado y atraviesas con él a un pájaro, primero deberías clavarte a ti mismo para sentir lo que duele».

Incluso las religiones que permiten matar animales nos enseñan a acercarnos a los animales con el mayor respeto. En la Biblia está escrito que primero hay que ahuyentar a la gallina antes de coger los huevos para nuestro desayuno, con el fin de que ella no vea cómo le quitamos sus huevos. Confucio no pescaba nunca con red, sino solamente con anzuelo para no matar tantos peces. Los indios sioux solamente cazaban búfalos viejos y pronunciaban la siguiente oración cada vez que cazaban uno: «Gran Padre, mira este búfalo que nos has dado. Es el jefe de todos los animales de cuatro patas que corren por nuestra sagrada madre tierra. De él viven las personas y con él caminamos por el sagrado sendero».

Por cierto, respetar la vida de los animales significa también tener cuidado con el coche para no atropellar ninguna liebre, ningún erizo o ningún ciervo cuando vamos a toda velocidad por las carreteras.

¿Se puede matar a quien nos quiere matar?

Demasiadas personas se matan unas a otras. ¡Hay demasiadas muertes y asesinatos! Todas las religiones nos enseñan a no matarnos unos a otros. Pero si alguien intenta matarnos a nosotros o a nuestra familia y no podemos escapar y no tenemos otras salidas, entonces algunas religiones justifican el matar a esa persona antes de que ella nos mate. A eso se le llama *en legítima defensa*. Muchas religiones consideran injusto el no defenderse y dejarse matar por alguien. Según esa opinión, matar a alguien es también justificable si al hacerlo defiendes tu propia vida.

En el judaísmo, cristianismo e Islam está permitido matar en legítima defensa. En el capítulo quinto del Evangelio de Mateo, Jesús predica: «Vosotros habéis oído que se ha dicho: 'Ojo por ojo y diente por diente', pero yo os digo: 'No prestéis resistencia a aquel que os hace mal, sino que si os golpea en la mejilla derecha, ofrecedle la otra también. Y si alguien te lleva ante los tribunales para desposeerte de tu camisa, entonces dale también el abrigo. Y si alguien quiere obligarte a andar con él una milla, vete dos millas con él'».

Muchos cristianos interpretan esto como si Jesús *no* hubiera creído en la autodefensa. Como si Dios quisiera que pusiéramos *siempre* la otra mejilla, que perdonáramos a nuestro mayor enemigo y respetáramos la vida independientemente de lo que suceda. Pero otros cristianos creen que, en realidad, Jesús quería decir que, ciertamente, teníamos que hacer *todo* para evitar la violencia, aunque si tuviéramos que matar a alguien para salvar nuestra vida, eso sería justificable. Resulta una cuestión muy difícil saber cuándo uno puede o no puede matar a una persona y que la decisión haya que tomarla en una situación donde hay que decidir sin reflexionar mucho.

Los hindúes y los budistas no hacen ninguna diferencia entre matar un animal o a una persona. Para ellos, no existe el concepto de legítima defensa. En el Dhammapada, podemos leer: «No se debe ni golpear ni tampoco dar motivos a otros para que golpeen. La vida es valiosa para todos, por eso no se debe golpear ni tampoco dar motivo para golpear. El que golpea a otro con un palo para ser feliz, no será feliz en la vida después de la muerte».

Esa enseñanza pacifista nos llama la atención sobre el problema central de la legítima defensa: Si se justifica matar en determinados casos, probablemente con ello se justifiquen muchas muertes que no entran en esos casos. Algunas personas creen haber obrado en legítima defensa cuando, en realidad, han matado, por ejemplo, por celos o envidia. Si se justifica matar por un *determinado* motivo, se abren puertas y ventanas al matar y entonces ya no se puede dar marcha atrás.

Un ejemplo es la guerra. Algunas guerras se llevan a cabo, ciertamente, como casos de autodefensa. Las personas son atacadas sin motivo y se ven obligadas a matar a los invasores para proteger a sus familias, sus casas y su país. En estos casos, para los cristianos, judíos y musulmanes, matar es justificable. Pero el problema es que algunas naciones hacen la guerra y hacen creer a sus pueblos que se trata de una guerra de autodefensa, cuando lo que se quiere es quitarles a otros sus propiedades.

Los confucionistas, budistas y taoístas enseñan que *todas* las guerras son falsas. Confucio dijo: «La guerra por la tierra dejará la tierra cubierta de cadáveres. La guerra por la ciudad dejará la ciudad cubierta de cadáveres. El que dirige una guerra debería recibir, después de muerto, el peor de los castigos».

Si no se participa en ninguna guerra, seguro que tampoco se luchará en la guerra equivocada. Sin embargo, aquel que jamás lucha se encuentra indefenso ante las malas personas que, sencillamente, invaden con el ejército su país, lo hieren a él, a su familia y a sus amigos, le quitan sus videojuegos y conducen su coche sin autorización. La decisión no es fácil y todas las religiones nos enseñan que hay que pensarlo muy detenidamente.

Si las personas necesitan ayuda, se debe ayudarlas

Ayudar a las personas necesitadas de ayuda es una de las enseñanzas más importantes de todas las religiones. La Biblia está llena de sentencias en las que se exhorta a ayudar a los pobres y dar de comer a los hambrientos. En el Salmo 41 se dice: «Bienaventurado aquel que consuele al débil», y en el capítulo 15 del Deuteronomio: «No debes ser duro de corazón ni cerrar la mano a tu hermano pobre. Debes abrirla y prestarle con qué poder satisfacer sus necesidades, según lo que necesite...Nunca dejará de haber pobres en la tierra». Muchos, sin embargo, no tienen compasión con los pobres, especialmente en las grandes ciudades. Ahí se ve tanta gente pobre pidiendo que no se puede tener compasión de cada uno de ellos; por eso, muchas personas se endurecen y protestan: «¡Estos vagos! ¿Por qué no se buscan un trabajo?» Y así piensan que tienen un motivo para no ayudarlos. Sin embargo, eso es justamente lo que quiere decir la Biblia cuando dice: «No debes ser duro de corazón y no debes cerrar la mano a tu hermano pobre». Da lo mismo lo desagradable que resulte ver a esa pobre gente en cualquier parte, *todavía* es más desagradable ser uno de ellos.

La Biblia nos enseña a pensar en los pobres porque las personas están hechas a imagen y semejanza de Dios. Si se ayuda a los pobres, se ayuda a Dios. Si se respeta a los pobres, se respeta a Dios. Dios ha creado la tierra y todo lo que hay sobre ella y a Él le pertenece y nosotros debemos dar algo de ello a los necesitados porque Dios así lo quiere.

En el capítulo 19 del Levítico, se encuentra la importante ley de que uno no debe cosechar totalmente su campo o su viña, sino que debe dejar algo sin cosechar del cereal y de las uvas para que los pobres tengan algo que comer.

Todos debemos preocuparnos de los pobres. En el libro del Sendero Tranquilo, un libro sagrado del taoísmo, se dice: «Debes ayudar inmediatamente a las personas en dificultades, lo mismo que tienes que librar inmediatamente a un pez atrapado en la red porque si no morirá. Debes liberar a las personas en peligro, de la misma forma que tienes que liberar a un gorrión de la red, porque, de lo contrario, se ahorcará. Sé amable con los huérfanos y ayuda a las viudas. Respeta a las personas ancianas y ayuda a los pobres».

El Islam añade a esta enumeración: «Sé amable con tu padre y tus familiares, con los huérfanos y pobres, con el prójimo que te es familiar y con el prójimo que te es desconocido, con tu amigo y con el viajero». En cómo uno trata a los desconocidos, se puede comprobar lo bueno que es uno en realidad. No es ningún sacrificio ser agradable con alguien que uno conoce y aprecia, tampoco es una obra de arte serlo con los familiares, excepto con el pelmazo del primo Manuel, que nos da siempre el sablazo. Sin embargo, el que es amable con una persona totalmente desconocida demuestra tener un buen corazón.

En el Corán dice que Mahoma pasó con sobresaliente esa prueba. Un día que no tenía dinero y apenas algo para comer, llegó a su casa un desconocido. A pesar de que Mahoma sólo tenía lo imprescindible para alimentar a sus hijos, pidió a su mujer que enviara a los hijos a la cama sin comer y le dio al desconocido la poca comida que había. No es nada extraño que los musulmanes amen tanto a Mahoma.

Los hindúes cuentan la historia de un hombre llamado Rantiveda, que daba a los demás casi todo lo que ganaba y vivía en la pobreza con su familia. En una ocasión, durante cuarenta y ocho días, no había nada que comer y apenas algo que beber. Rantiveda estaba medio muerto de sed cuando, llegó un mendigo que también estaba sediento. Rantiveda dijo: «No quiero de Dios el poder de los dioses y no quiero ser liberado de la reencarnación. Sólo quiero habitar en el corazón de todas las personas. Acepto sus sufrimientos para que ellos sean liberados de sus miserias». Seguidamente, le dio al mendigo las últimas gotas de agua y los dioses de los Tres Mundos vinieron a él y lo bendijeron.

En el judaísmo, hay una historia parecida. Tuvo lugar en Europa hace doscientos años. Bonsha Zweig era un hombre pobre, pero, como Mahoma y Rantiveda, daba todo a los demás pobres. Murió en la pobreza y fue recibido en los cielos por Dios y los ángeles después de su muerte. Por su vida llena de amor al prójimo, le ofrecieron toda clase de recompensas, pero él, después de pensar un momento, pidió un panecillo caliente con mantequilla. Los ángeles se inclinaron ante él porque, incluso en el cielo, apenas quería algo para él.

Un indio winnebago escribió a sus hijos el siguiente consejo: «Mirad de que todo aquel que entre en vuestra casa reciba de comer, incluso cuando vosotros mismos tengáis poco». En el capítulo 3 del Evangelio de Lucas, Juan dice: «Aquel que tenga dos túnicas dé una a quien no tenga ninguna y el que tenga para comer que obre de la misma forma». En la Epístola a los Hebreos del Nuevo Testamento, leemos: «El amor al prójimo debe mantenerse. No olvides la hospitalidad, ya que a través de ella algunos, sin saberlo, han dado cobijo a un ángel». El desconocido al que uno ayuda es, quizá, un ángel. ¡Nunca se sabe!

El Islam predica el amor al prójimo de una forma maravillosa: «Cada articulación del cuerpo de una persona debería generar diariamente amor al prójimo;

ayudar a alguien a subirse al caballo es amor al prójimo; una buena palabra es amor al prójimo; cada paso en dirección al oficio divino es amor al prójimo y retirar algo peligroso del camino es amor al prójimo».

El rabino Mosés Maimónides, que vivió en España y Egipto hace 800 años, enseñó que hay trece escalones de amor al prójimo en el judaísmo. El escalón más bajo sería no dar suficiente y solamente cuando los otros ya lo han pedido insistentemente. El escalón más alto sería el ayudar a una persona a tener un trabajo, de forma que no estuviera dependiendo del amor al prójimo de los demás.

Quizá ahora algunos piensen: «¿No tendríamos que aprender primero cómo ayudar? ¿Se ayudan las personas sin haber aprendido a hacerlo con anterioridad? La respuesta es: ¡No! Si las religiones no les dicen a las personas que tienen que ayudarse los unos a los otros, resultará, naturalmente, más fácil robar a los débiles que ayudarles. En cuanto seguimos la llamada del amor al prójimo de la religión, aprendemos a preocuparnos más de las personas que de las cosas.

Ayudar a otros nos diferencia también de los animales. Los leones dan caza a los antílopes débiles y los lobos comen el corzo débil. En la naturaleza, sobrevive el más fuerte y el más débil muere. Ése es el círculo natural en el mundo animal, un mundo sin religión. Sin embargo, las personas que tienen una religión han aprendido que es mejor y más correcto ayudar al débil.

El que ayuda a otro, no debe hacerlo porque espere una recompensa. El Corán enseña: «Debes alimentar, por amor a Alá, a los pobres, a los huérfanos y a los presos y a los que alimentas por amor, debes decirles: 'No quiero ninguna recompensa. No necesito ningún agradecimiento de vosotros'». Esa idea también se encuentra en el judaísmo y en el cristianismo. En la Biblia está escrito que el dar es para nosotros una cosa normal y natural. El amor al prójimo no debería ser nada especial y, por ello, no somos personas estupendas. Ayudar a otros es como respirar o comer. Ayudar a los demás, debería ser algo totalmente normal en nuestra vida. El amor al prójimo es como una vela, sólo que mejor, porque mientras una vela únicamente ilumina una habitación, el amor al prójimo lo hace a todo el mundo.

Se justo

Todas las religiones enseñan que debemos intervenir en todo el mundo a favor de la justicia. La injusticia aparece cuando unos, sin buenas razones para ello, son tratados mejor que otros.

En la Biblia, se dice mucho sobre la justicia. Debemos hacer todo para que se haga justicia a las personas tratadas injustamente y para que las personas que no son libres, puedan serlo. Los profetas de la Biblia se mostraban muy furiosos ante la injusticia. El profeta Amós escuchó de Dios las palabras: «¡Fuera con el ruido de tus cánticos! No quiero oír los sonidos de tu arpa, sino la justicia corriendo como agua, la justicia como un arroyo inagotable!». En Jeremías, otro profeta, encontramos: «Así habla el Señor: Haced justicia y equidad y salvad a los oprimidos de las manos del malvado».

El Corán enseña lo mismo: «Dios ordena que seamos justos y amables y generosos con otras personas». Y en otro lugar, se dice: «Defiende la justicia como testigo de Dios....aunque eso signifique que te enfrentas a ti mismo, a tus padres o a tu familia.

Defiende la justicia, aunque eso signifique que te enfrentas a los ricos o a los pobres, ya que Dios protege la justicia. No sigas lo que te dicte tu corazón, ya que quizá entonces hagas lo que no es justo». El Islam enseña que los gobiernos solamente están para preocuparse de la justicia: «El gobierno es el guardián de aquellos que no tienen ningún guardián».

El hinduismo lo expresa así: «No hay nada más elevado que la justicia. A través de la justicia, el débil puede incluso vencer al fuerte. Es como si le ayudara un rey».

No seas rencoroso

No ser rencoroso es poder *perdonar*. Cuando las personas no hacen aquello que en realidad deberían hacer y después se dan cuenta de que han hecho algo equivocado, nos están pidiendo perdón y entonces uno no debe ser rencoroso y debemos perdonarlas. En todas las religiones, se nos enseña que podemos convivir conjuntamente si aprendemos a perdonarnos los unos a los otros.

Los musulmanes aprenden que «el perdonar y el olvidar es la mejor obra de una gran persona». En el confucionismo aprendemos del I Ching: «La gran persona perdona faltas y es comprensiva ante los delitos». Del taoísmo aprendemos: «Muestra paciencia incluso cuando eres humillado y no seas rencoroso». Perdonar al otro es más importante que realizar los ritos de una religión. En el capítulo 5 del Evangelio de Mateo, Jesús dice: «Si llevas tu ofrenda al altar y se te ocurre que tu hermano tiene algo contra ti, deja entonces tu ofrenda delante del altar y vete y haz primero las paces con tu hermano, después vuelve y haz tu ofrenda». Los judíos rezan a Dios en el Yom Kippur para que les sean perdonados sus pecados, pero en el Talmud está: «En el día de penitencia, son expiados los pecados que van contra Dios. Los pecados contra otras personas son expiados en el día de penitencia solamente si se ha hecho previamente la paz con la persona que ha sido ofendida».

En la búsqueda de ejemplos para el perdón en los escritos sagrados de las religiones del mundo, hemos encontrado el ejemplo más grande en el Nuevo Testamento: Jesús perdona a los soldados que le dan muerte. Desde la cruz, dice: «Padre, perdónales porque no saben lo que hacen». Es sorprendente que uno perdone a las personas que le quitan la vida. Y también nos enseña algo más: Solamente podemos pedir que Dios nos perdone si nosotros estamos dispuestos a perdonar a otros.

17

¿Qué sucede después de nuestra muerte?

La vida es maravillosa, pero no dura eternamente. Todo lo que vive tiene que morir alguna vez y la muerte ha sido siempre un gran misterio para las personas. Mientras vivimos, sabemos aproximadamente cuál será el siguiente paso porque podemos preguntar a otros, que llevan ya más tiempo en el mundo. Sin embargo, aunque nos hagamos muy viejos, no podemos preguntar a nadie qué sucede después de la muerte. Da lo mismo lo que afirmen algunos adivinos: No podemos hablar con los muertos. Por eso, las personas tienen ideas muy diferentes sobre lo que sucede después de la muerte.

Todas las religiones dicen cosas estupendas para el tiempo que sigue después de la muerte: Ciertamente nuestro cuerpo muere, pero algo en nosotros sigue viviendo. Aunque no todas las religiones crean en un único Dios, sin embargo, todas creen que la muerte no significa el final absoluto.

En cada religión, el nombre es distinto para aquella parte de nosotros que sigue viviendo. Los cristianos y los judíos lo llaman *alma*. Los antiguos egipcios llamaban al alma *ba*, los hindúes la llaman *atman* y los mazdeistas *urvan*. En el Islam, el alma se llama *nafs* o a veces *ruh*.

La palabra árabe *ruh* es la misma que la hebrea *ruach* y ambas significan «aliento» o «espíritu». Es una bonita idea imaginar nuestra alma como el aliento de Dios. Cuando morimos, dejamos de respirar y el alma abandona nuestro cuerpo. El alma es la parte buena y amable de nosotros, que ama y protege, que es curiosa y comprensiva y que, cuando nos proponemos hacer algo malo, pide la palabra y quiere evitar que lo hagamos.

Para los judíos, cristianos y musulmanes, sólo las personas tienen alma. Los animales, por el contrario, no. Para los hindúes, los animales también tienen alma e incluso creen que nuestra alma se puede reencarnar en un animal después de nuestra muerte (Eso sí, solamente si fuimos *muy* malos y tampoco por mucho tiempo). Los judíos, cristianos y musulmanes no consideran bueno que un pequeño trozo de Dios en nosotros se reencarne en un animal. Eso no significa que los animales no tengan ningún valor, sino solamente que las personas son algo especial.

Para los hindúes, todo ser vivo tiene un alma procedente de otro ser vivo. Lo que llamamos *reencarnación* significa sencillamente que nuestra alma, después de nuestra muerte, sigue siendo utilizada en otro ser vivo. Dónde se reencarna nuestra alma depende, según las creencias de los hindúes, de lo buenos o malos que hayamos sido en nuestra última vida. Si alguien fue una persona verdaderamente buena, se podrá reencarnar como presidente o como estrella del rock –o como el perro mimado de un rico, que es alimentado cada noche con hamburguesas–. A esa forma de «reciclaje» del alma, según se haya sido bueno o malo, los hindúes lo llaman *karma*. Por eso, todos los budistas y la mayoría de los hindúes son vegetarianos. Si se parte de que nuestras almas reencarnarán en un animal, lo más seguro es no comer nada que uno no se haya llevado consigo en alguna ocasión a un partido de fútbol. Resulta divertido pensar en la reencarnación. Uno se puede situar en su propio pasado y reflexionar sobre qué vida has tenido antes de tu vida actual.

Para los judíos, cristianos y musulmanes, nuestra alma sigue viviendo después de nuestra muerte. ¿Dónde? ¡Correcto!: En el cielo o en el infierno. El cielo y el infierno tienen casi el mismo aspecto en estas tres religiones: El alma de las personas buenas vive en el cielo y el de las malas se achicharra en el infierno.

Muchas personas piensan cómo será en esos dos lugares. Pero quieren saber, todavía con más urgencia, a partir de cuándo va uno al cielo o al infierno. Importantes preguntas que no tienen una respuesta segura. Sólo cuando estemos muertos podremos ver lo que sucede en esos lugares, saber más, pero entonces probablemente allí no haya teléfono para llamar a casa y contarlo todo. Aun así: Todas las religiones que creen en el cielo y en el infierno tienen una idea parecida sobre cómo es aquello y quién va a parar allí.

Infierno

Los cristianos lo llaman *infierno* (en castellano), los judíos *gehinnom* (en hebreo) y los musulmanes *jahannam* (en árabe). A veces, los musulmanes llaman al infierno también *al-anar*, que significa «el fuego» en árabe. Para muchas personas, el fuego y el infierno son lo mismo y muchas creen que en el infierno hace calor. Pero independientemente de la temperatura que haga allí, algo es seguro: El infierno no es un lugar para personas buenas.

Una importante pregunta es, naturalmente, si el alma puede salir del infierno una vez que está allí. En la mayoría de las religiones, la respuesta es: ¡El que entra no volverá a salir jamás! Así pues, no es un décimo de lotería y tampoco te tocan 20.000 pesetas.

Pero no hay que preocuparse. Ciertamente, nadie sale del infierno, pero allí sólo van unos pocos. Casi todas las religiones dicen que sólo los más malos de los malos son enviados al infierno. Probablemente Hitler esté en el infierno. Pero, ¿qué sucede con el alma de la mayoría de las personas? Quizá seamos malos, pero tampoco *tan* malos. Algunos cristianos creen que hay un lugar entre el cielo y el infierno para la mayoría de las personas, donde las almas esperan. Los cristianos lo llaman *purgatorio* y los hindúes *narakas*. Allí somos castigados por nuestros pecados y, cuando hemos cumplido la condena, nos reunimos con la gente que nunca ha hecho nada malo.

El *gehinnom* judío no es un verdadero infierno, más bien como el purgatorio. Para los judíos, el infierno no es un lugar de tormentos y de fuego eterno, sino que creen que el alma, después de la muerte, va a parar a una especie de sala de juicios presidida por Dios, como máximo juez. Dios decide qué hacer con ella. El que fue suficientemente bueno va al cielo y el que fue verdaderamente malo es destruido y su alma o bien es inmediatamente extinguida o guardada hasta que venga el Mesías y después extinguida. De todas formas, se terminó. Así que se está en el cielo y entonces todo es fantástico, o se está en el infierno y entonces se deja de existir.

Cielo

Lo que los cristianos llaman *cielo*, los hindúes lo denominan *svarga* y los judíos *haolam habah*, «el mundo venidero» o, a veces, *gan eden*, «el Jardín del Edén». Judíos, cristianos y musulmanes llaman al cielo *paraíso*, derivado de una palabra griega que, a su vez, procede de la palabra hebrea para Jardín del Edén.

Es bonito imaginarse el cielo como el Jardín del Edén. Como mejor nos lo imaginamos es como una especie de isla de ensueño para las almas. Probablemente también allí haga calor durante el día y brille el sol. La noche sería oscura, ciertamente, pero no tenebrosa. Y los animales serían todos cariñosos y no se comerían a nadie, los mosquitos no se introducirían en los oídos y no te picarían en las pantorrillas. Probablemente el cielo es un lugar de paz, donde no hay necesidad de cerrar las puertas de las casas y la leche no se agota nunca. Allí, probablemente, las enfermedades se curan con chocolate. ¡El cielo es, sencillamente, lo mejor!

En los diferentes escritos sagrados, pueden leerse las más hermosas cosas sobre el cielo. Hay leones tumbados junto a corderos, todos son felices y hacen el bien, para lo cual Dios les ha capacitado. Allí nos reencontramos con las almas de las personas amadas, que han muerto antes de nosotros. En el cielo, las personas solitarias tienen amigos, los hambrientos suficiente alimento, los enfermos vuelven a estar sanos. Pero lo principal, en muchas religiones, es que en el cielo tenemos a Dios siempre cerca de nosotros.

Uno puede preguntarse: «¿Haría yo las cosas buenas si no hubiera cielo ni infierno?» El que ahora diga que entonces haría todas las cosas malas, debería pensar por qué hace lo que hace.

Está bien querer ir al cielo porque se quiera estar cerca de Dios y de las personas amadas. El que esté triste puede consolarse y no seguir dándole vueltas sobre qué habrá sucedido con las personas amadas que están muertas. El cielo da una verdadera esperanza. Creer en el cielo quiere decir saber que todo, de alguna forma y algún día, volverá a estar bien. Para aquel que le guste imaginarse que en el cielo y en el infierno no hay nada tenebroso, para ése hay una vieja historia:

Un escolar preguntó en una ocasión a un sabio profesor: «¿Cuál es la diferencia entre el cielo y el infierno?»

El profesor contestó: «En el infierno, todas las personas están sentadas hambrientas alrededor de una gran mesa. Pueden ver y oler la comida e incluso pueden estirar la mano y tocarla, pero sus codos están anquilosados de forma que no pueden llevar la comida a la boca. Eso es el infierno». Los escolares contestaron: «Sí, verdaderamente eso es el infierno. ¿Y cómo es el cielo?»

El profesor dijo: «En el cielo están las personas que han sido buenas en la vida. También ellas están sentadas hambrientas alrededor de una gran mesa, surtida con los más exquisitos platos. Pueden ver y oler la comida e incluso estirar la mano y tocarla, pero sus codos están anquilosados y no pueden llevar la comida a la boca».

Sorprendidos, los escolares preguntan: «Pero, dónde está la diferencia entre el cielo y el infierno?»

Y el profesor contestó: «En el cielo, las personas se dan de comer unas a otras».

18

¿Qué es lo peor de las religiones?

Digámoslo abiertamente: Solamente Dios es perfecto y una religión no es Dios. Una religión abarca solamente nuestras suposiciones más evidentes sobre Dios y sobre aquello que, en nuestra opinión, Él espera de nosotros. Algunos contenidos de la religión proceden directamente de Dios, otros de las personas. Los contenidos que proceden directamente de Dios, naturalmente, son ciertos, perfectos, buenos y correctos. Los únicos que son problemáticos son los otros contenidos, que obran como si vinieran también de Dios. Sin embargo, Dios no ha tenido nada que ver con esos contenidos. A veces son terribles y cuando las personas oyen que una religión enseña esas cosas, entonces creen que la religión es algo terrible.

Así que la gran pregunta es: ¿Cómo descubrir lo que procede de Dios y lo que procede de las personas? Para ello, se puede comprobar cómo se comportan los miembros de una religión. Si con su comportamiento hacen daño a otras personas o las esclavizan, se puede decir con seguridad que eso no tiene nada que ver con Dios. Pero si una religión enseña la creencia a través de la cual las personas se aman unas a otras, entonces eso *seguro* que viene de Dios.

Pero también es importante que no hagamos responsable a la religión de lo que, quizá, hagan algunas personas en nombre de esa religión. Eso no podemos olvidarlo de ninguna manera. A veces, la gente afirma pertenecer a una determinada religión y son injustos, a pesar de que la religión les enseña a obrar bien. ¿Es justo echarle la culpa a la religión porque algunos de sus creyentes sean estúpidos? Una religión nos enseña el camino correcto. Si nosotros tomamos el camino equivocado, entonces es *nuestro* error, no el suyo. No porque haya científicos y pintores locos, uno cree que toda la ciencia y todo el arte es locura o demencia. Y solamente porque haya personas que han hecho cosas malas —a veces muy malas— en nombre de la religión, eso no significa que la religión sea algo malo.

Sin embargo, a veces resulta difícil perdonar las cosas malas a la religión, especialmente cuando las personas responsables de ellas en la iglesia son altos jerarcas. Así sucedió, por ejemplo, con las Cruzadas. El papa Urbano II anunció en 1095: «Dios quiere que matemos a los judíos y a los musulmanes que viven en nuestra Tierra Santa». El papa no entendió que esa tierra era tan sagrada para los judíos y musulmanes como para los cristianos. Los caballeros de las cruzadas, pues, golpearon a los judíos allí donde los encontraban, mataron a algunos y les robaron sus pertenencias. También mataron a muchos musulmanes que, como consecuencia, mataron a muchos cruzados.

El papa Urbano II tenía un carácter miserable y fue un mal cristiano, a pesar de ser papa. Lo que él hizo, contradice la enseñanza de Jesús. Sin embargo, él era el jefe y dio la orden a los caballeros de las Cruzadas. Por eso, muchas personas, que no habían hecho nada malo, tuvieron que morir. Esos terribles ejemplos como el de las Cruzadas, son responsables de que las religiones tengan mala fama. Sin embargo, si se contempla a todos los papas en conjunto y todo lo que han hecho, entonces se ve que hicieron mucho más bueno que malo.

¿Hay, en realidad, religiones malas? ¿Hay religiones en cuyo nombre las personas hacen cosas malas, no porque cometan un error sino porque hagan exactamente aquello que les enseña la religión? La respuesta, lamentablemente, es sí. Hay esas religiones.

Mucho antes de que se constituyeran las cinco grandes religiones del mundo –y aun en lugares muy alejados entre sí– hubo y sigue habiendo malas religiones. En cuanto una religión permite hacer daño a las personas es una religión mala. Así, por ejemplo, en días religiosos festivos son sacrificadas personas para contentar a los dioses. Al respecto, no podemos decir otra cosa que: Esta clase de rituales son propios de malas religiones. En este libro, hemos intentado ser abiertos con todos los credos y religiones, pero hacer daño a las personas o quitarles la vida en nombre de Dios o de la religión es un error. Queda el hecho de que todas las malas religiones son pequeñas y que la mayoría han desaparecido y se han extinguido. Las religiones que enseñan a las personas a causarse daño entre sí no duran mucho.

Sin embargo, también en las grandes, buenas religiones, hay cosas que algunas personas consideran muy mal y tenemos que hablar de ello. No queremos que el lector crea, al final, que nosotros encontramos todo bien solamente porque venga de una religión. En las religiones, casi todo es bueno. Sin embargo, aquí y allá también se encuentra algo malo. El sistema de castas hindú está en el primer lugar en nuestra lista de las cosas malas de una religión.

El sistema de castas hindú

Ya hemos explicado que en el hinduismo las personas están divididas en grupos, a los que no se les permite mezclarse entre sí. Al principio, no había nada que objetar contra el sistema de castas, ya que ordenaba a las personas según los distintos trabajos que realizaban. Sin embargo, esto cambió para mal, ya que el que pertenecía a una casta inferior, no podía abandonarla. Para las personas de castas inferiores, esto era algo terrible, puesto que se mantenían pobres y los demás los miraban con desprecio.

Buda intentó romper el sistema de castas y fracasó. Por eso, creó una nueva religión, en la que la casta no tenía ninguna importancia.

En la historia moderna, el gran dirigente hindú Mahatma Gandhi lo intentó y también fracasó. La naturaleza de la casta está tan profundamente arraigada en la cultura de la India y en el hinduismo que no se puede superar. Gandhi fue un hindú que no creía en el sistema de castas. Confiemos en que el hinduismo termine por cambiar y enseñe que todos somos iguales y formamos parte de una única, grande y feliz casta: el llamado planeta Tierra.

Religiosos fanáticos

Actualmente se habla mucho sobre el fanatismo religioso. Seguro que todo el mundo ha oído hablar de que católicos y protestantes se matan entre sí en Irlanda del Norte. En Israel, los judíos y musulmanes se matan unos a otros. En Bosnia, son los musulmanes y los cristianos ortodoxos. En Ruanda, los hutus y los tutsis y en la India, los musulmanes y los hindúes. El lector de prensa tiene, ciertos días, la impresión de que muchas personas religiosas no solamente disponen de libros sagrados, sino también de muchas armas. Esas personas y esos enfrentamientos han dañado el nombre de las religiones. Los fanáticos, que colocan bombas y matan a personas inocentes y además creen tener que hacerlo en nombre de su religión, sencillamente no comprenden su religión.

Sectas

Las sectas son religiones que quieren hacer un lavado de cerebro a las personas. Los miembros de una secta están obligados a obedecer ciegamente a su dirigente y hacer todo lo que él diga. Las sectas convierten a las personas en robots, zombis y seguidores ciegos. Las verdaderas religiones enseñan a las personas todo lo contrario: Quieren que pensemos con independencia y nos decidamos libremente por la fe.

Las sectas son muy peligrosas porque muchas personas ni siquiera se dan cuenta cuando se les practica un lavado de cerebro. Si se consigue arrancar de esas sectas a alguien durante unos meses y se le lleva de nuevo con sus padres o amigos, esa persona, por lo general, notará lo peligrosa que era la secta y así podrá abandonarla definitivamente. Comprenderá que Dios quiere que se le ame sin ser obligado a ello.

211

Los telepredicadores

En América, si uno pone la televisión los domingos, aunque ahora también durante los demás días de la semana, podrá ver a la gente más diversa predicando en una iglesia, cantando y celebrando amables oficios divinos. Aunque, de pronto, se pide que sea enviado dinero. Con ese dinero, se quiere pagar más tiempo de televisión para que, a su vez, se pueda seguir pidiendo dinero. Esa gente se llaman telepredicadores. No todas las personas religiosas que aparecen en las pantallas de televisión son telepredicadores y no todos los telepredicadores son malos (¡A nosotros también se nos puede ver a veces en televisión y somos *excelentes!*). Sin embargo, algunos telepredicadores reciben un buen montón de dinero y no lo utilizan para el fin que han prometido. Eso no es otra cosa que robo.

Como quiera que los telepredicadores llegan a millones de personas, es suficiente con que algunos pocos telespectadores transfieran dinero para que se junten millones de pesetas. Y si nadie controla ese dinero, se puede caer en graves problemas. Si uno echa su dádiva en el cepillo durante la misa o paga su cuota en la sinagoga, siempre habrá personas pendientes de controlarlo para que nadie robe. Pero el que envía dinero al telepredicador no sabe para qué lo utilizará.

Además nadie sabe cómo viven los telepredicadores. La mayoría de las personas solamente los conocen de las pantallas de la televisión y no notarán nada si el telepredicador se gasta todo el dinero y vive como un rey en una casa grande y lujosa. Si, de pronto, los sacerdotes, pastores, rabinos o imanes aparecieran en un Ferrari en nuestra parroquia, seguro que los vecinos hablarían de ello. Sin embargo, el coche de un telepredicador no se ve.

El que quiera dar dinero a una comunidad religiosa debería hacerlo a una comunidad cercana a su domicilio, que también está ahí cuando se apaga el televisor. Si muere un ser querido, el sacerdote, el pastor, el rabino o el imán de esa comunidad lo entierra y nos consuela y reza por nosotros. El fenómeno de los telepredicadores vale, por ahora, sólo para América, pero seguro que pronto aparecerán por todo el mundo.

Odio

Las verdaderas religiones nos enseñan a amar. Nos enseñan a amar a Dios, a amarnos los unos a los otros, a amar la tierra y todo lo que hay en ella. Sin embargo, a veces, las religiones predican el odio. Ésa es una de las peores cosas de las religiones.

El odio puede adoptar formas diferentes en las religiones envenenadas por el mismo odio. Algunas predican el racismo; esto es, se odia las personas por el color de su piel. Pero si se odia a las personas por ser judías, entonces eso es antisemitismo. En ocasiones, las personas de una religión odian a otras de una religión distinta solamente por tener unas creencias distintas. Eso es mojigatería. Lo determinante es que en ninguno de los libros sagrados de las religiones aparece el odio por ninguna parte. Es triste, pero cierto, que muchos dirigentes religiosos predican el odio y, para ello, echan mano de los libros sagrados. Lo que dicen, sin embargo, es totalmente falso.

En países como Sudáfrica, el racismo estaba profundamente arraigado en la vida cotidiana. Muchos dirigentes religiosos predicaban todos los domingos que Dios no quería que los blancos y los negros convivieran juntos y que Dios consideraba a los blancos superiores a los negros. En los Estados Unidos de América, antes de la guerra civil, muchas iglesias proclamaban que Dios quería que los negros siguieran siendo esclavos. Un ejemplo de que la Biblia no quiere ningún racismo es que entonces todos los esclavos leían en la Biblia la historia de la salida de Egipto y esto les daba la esperanza de que también ellos un día serían libres.

He aquí un apartado del Corán, que muestra que el Islam también condena cualquier clase de racismo: «¡Oh, vosotros, mirad: Yo os he creado para que os conozcáis los unos a los otros. Mirad, para Dios el más justo es el más noble entre vosotros». Si las personas solamente comprendieran la verdadera enseñanza de su religión, todo estaría bien. Es cierto que algunas religiones predican el odio, pero eso contradice su propia enseñanza. Y esto, naturalmente, empeora mucho todo. En el judaísmo, se transmite que, al principio, Dios creó solamente a una persona (Adán) porque no quería que más tarde las personas pudieran decir: «Mi padre ancestral fue mejor que el tuyo».

19

¿Qué es lo mejor de las religiones?

De la misma forma que hemos enumerado lo peor de las religiones, también tenemos una lista de las cosas bonitas de las religiones. Es mucho más larga de aquello que no nos gusta en las religiones y no ha podido tener cabida totalmente en este libro. Cada cual debería hacer su propia lista de lo que encuentra bonito y entonces sabríamos lo que a ella o a él le gusta de una religión y, de esa forma, poder incluirlo en nuestra lista. Ahí va un compendio de nuestra larga lista de cosas que nosotros encontramos magníficas en las religiones del mundo.

Bodas

Las bodas son una de las cosas más hermosas de una religión. Uno no puede escoger si quiere nacer o no, tampoco puede escoger cuándo morir, pero *puede* escoger *cuándo* casarse (por lo menos, en los casos normales). Es algo magnífico decidirse a compartir el resto de la vida con otra persona, confiar en ella y amarla como Dios nos ama y confía en nosotros.

En una boda, uno contempla a dos personas que se aman. Se ve cómo se miran profundamente a los ojos y cuánto se quieren el uno al otro y dan gracias a Dios por haberse encontrado. Se comienza a pensar en hijos y en que el novio y la novia quieren formar una familia y que, si Dios quiere, serán algún día papá y mamá. Uno desea que sigan amándose siempre como en ese día de la boda, cuando los hijos se hayan convertido hace tiempo en adultos. Y después se piensa en lo maravillosa que es la vida si está llena de amor y agradece a Dios el que haya hecho todo tan maravillosamente.

Los diez mandamientos

Ser, a la vez, grande y largo es sencillo, pero es casi imposible ser grande y breve. Hay muchas y largas sinfonías (La Novena de Beethoven es, de verdad, grande y larga) y hay novelas grandes y largas. Lo que hace tan increíblemente grande a los *diez mandamientos* es que son, *verdaderamente, grandes y cortos.*

En el caso de que alguien los haya olvidado, aquí están (en nuestra traducción):

1. ¡HAY UN SOLO DIOS!
2. NO DEBES PENSAR JAMAS EN OTRO DIOS
3. ¡NO MALDECIR!
4. DESCANSA EN EL SABBAT (ES DECIR, UN DIA A LA SEMANA).
5. HAZ EXACTAMENTE LO QUE TUS PADRES TE DICEN Y HAZLO INMEDIATAMENTE (EXCEPTO SI LO QUE TE DICEN ES INJUSTO).
6. ¡NO MATES A NADIE!

7. ¡HAZ EL AMOR SÓLO CON LA PERSONA CON LA QUE TE CASES!
8. ¡NO COJAS NADA QUE NO SEA TUYO!
9. ¡DI LA VERDAD!
10. ¡NO DESEES LO QUE TIENEN OTROS SOLAMENTE PORQUE LO TENGAN ELLOS!

El Salmo 23

Probablemente, la mayoría todavía recuerda cómo su madre lo cogía en brazos cuando se había caído y curaba sus rodillas dándole besos en ella. El Salmo 23 del Antiguo Testamento es como uno de aquellos besos. Trata de la muerte. No convierte a la muerte en algo menos triste, como la madre con sus besos tampoco podía quitar los dolores, pero en él se dice: «No te preocupes, Dios estará siempre contigo. Dios te protegerá, te amará y cuidará de ti. No tienes ningún motivo para preocuparte».

¿Cómo se siente uno cuando escucha estas palabras que han ayudado ya a tantas personas cuando se sentían mal?

El Señor es mi pastor, nada me faltará.
Me conduce a los pastos de una verde pradera
y hasta el agua fresca.
Alegra mi alma.
Me lleva por los caminos perfectos, por amor de
su nombre.
Y si yo caminara por el valle oscuro,
no temo ninguna desgracia,
pues Tú estás conmigo.
Tu bastón y tu báculo me consuelan.

Tú me preparas una mesa en presencia de mis enemigos.

Unges mi cabeza con aceite y llenas mi copa a rebosar.

Bondad y benevolencia me acompañarán durante toda la vida, y me quedaré en la casa del Señor para siempre.

El que Dios sea nuestro pastor es una idea maravillosa. Dios es un muy buen pastor, aunque nosotros no seamos unas muy buenas ovejas. Incluso cuando nos alejamos mucho del lugar que Dios nos ha asignado, él siempre intenta encontrarnos y nos lleva a casa, a la verde pradera donde hay agua fresca. ¡Aah!

El rollo de la Torah

Los judíos aman la Torah. El rollo de la Torah está guardado dentro de una funda de seda, que tiene coronas plateadas con pequeñas campanillas que se ajustan a las varillas de madera que sujetan el rollo de pergamino. Para el oficio divino, el rollo de la Torah es sacado del arca con cuidado y es llevado muy tiernamente, como se lleva a un bebé, a través de la sinagoga, mientras la comunidad canta y suenan las campanillas de plata en el rollo de la Torah. Al pasar a su lado, todos extienden su mano, la tocan y después besan la mano en el lugar donde le ha rozado la Torah. Así, él o ella es besado por la Torah. La Torah es mucho más que un pergamino. Para los judíos, es el beso de Dios y el beso de los judíos para toda la humanidad.

Meditación

La mayoría de la gente cree que respirar y pensar no tienen nada que ver entre sí. Sin embargo, nosotros sabemos que tenemos que respirar para poder pensar, pero hemos olvidado cómo trabajan conjuntamente el cuerpo y el espíritu. La meditación nos lo trae a la memoria. Respirar y sentarse, levantarse y acostarse son, para la mayoría de las personas, actividades totalmente naturales. Sin embargo, el budismo y el hinduismo enseñan que debemos ser conscientes de cómo respiramos y cómo nos sentamos, cómo nos levantamos y cómo nos acostamos. Si respiramos muy lentamente y estamos sentados sin movernos, dicen, podemos depurar nuestro espíritu como la vajilla sucia en el lavaplatos. Desde hace milenios, nos enseñan diversos métodos sobre cómo respirar, cómo sentarnos, cómo levantarnos y acostarnos, con el fin de que nos sintamos bien, nuestra cabeza se aclare y reconozcamos lo que es verdaderamente importante. Con éxito, en el lejano Oriente, por todas partes, hay personas que meditan, realizan lentamente ejercicios físicos y respiran de una forma especial. En China, a eso se le denomina *tai chi* y en India *hatha yoga*. La mayoría de las estatuas de Buda nos lo muestran en una determinada posición de yoga, llamada la posición loto. Uno se sienta con las piernas entrecruzadas, los dedos tocando la tierra, se cierran los ojos y se respira muy lentamente.

La meditación ayuda no solamente a respirar mejor, sino también a pensar y a rezar mejor. A través de una mejor respiración, también se vive mejor. Respirar correctamente es, a la vez, sencillo y difícil. El que medita se relaja y, a la vez, piensa en lo que verdaderamente es importante, fluye en él todo lo bueno y sale de él todo lo malo. Sólo hay que intentarlo. ¡Es divertido!

El Buda Amida

En el año 1253 fue construida en Kamakura, Japón, la gigantesca estatua de un Buda sentado y rezando. Ese Buda es Amida y es adorado en Japón y China como el Buda que tiene el poder de llevar a los creyentes al «país puro», esto es, al paraíso. Las personas le rezan una oración especial, la llamada *namu amida butsu*. Parece ser que solamente con decir esas palabras se puede conseguir la protección del Buda Amida.

Para nosotros, el Buda Amida es fabuloso porque es, al mismo tiempo, gigantesco y apacible. Normalmente todo lo grande nos produce un poco de miedo porque, puestos delante de ello, nos sentimos tan pequeños como una hormiga. Sin embargo, el Buda Amida es grande y, a pesar de ello, uno se siente estupendamente delante de él. Cuando se está ante él, uno cree verdaderamente que en el mundo hay, por lo menos, tanta paz como guerra.

La cruz

La cruz es un símbolo maravilloso y muy poderoso de los cristianos. Siempre que un cristiano ve una cruz, se acuerda de Jesús y del convencimiento cristiano de que Jesús fue el Mesías y el hijo de Dios, que vino a la Tierra, murió por nuestros pecados, resucitó de entre los muertos y nos enseñó a amarnos los unos a los otros como él nos amó.

Lo que más nos gusta es una cruz sencilla, sin la figura de Jesús en plástico, madera u oro. La línea perpendicular nos une a Dios, la paralela a nuestros prójimos. Una sencilla cruz de madera nos recuerda siempre que todos estamos unidos por el amor.

Catedrales góticas

Los maestros de obra descubrieron en el siglo XII cómo se construyen catedrales góticas, que son grandes iglesias con mucho espacio para los creyentes. En algunas, el techo está a treinta metros de altura y los cristales de las ventanas están pintados de colores.

Hay que visitar una de estas catedrales en una mañana soleada. Para nosotros, las más bellas son las de Notre Dame en París y Chartres, al sur de París. Cuando allí, o en otras grandes catedrales de Francia, España, Alemania o Inglaterra, resplandece el sol a través de las grandes policromadas vidrieras, todo el interior se sumerge en una esplendorosa luz roja, violeta, azul y dorada. En un día de ésos, hay que ver cómo sacerdotes, pastores, obispos o quizá un cardenal recorren la nave central de la iglesia vestidos con ropas doradas, blancas o rojas, mientras el coro y los creyentes cantan. Entonces uno siente toda la fuerza y la belleza de Dios y de la Iglesia y de todo el mundo con sus canciones y dice: «Dios mío. Yo sé que esto ha costado una burrada de dinero, pero es magnífico y yo me siento feliz de que Tú estés aquí».

Muecines

«Allahu akbar! ¡Alá es grande! Yo doy fe de que no hay más Dios que Alá. Doy fe de que Mahoma fue el enviado de Dios. ¡Venid a rezar! ¡Venid a la salvación! ¡No hay más Dios que Alá!». Así es la llamada a la oración en árabe que realiza el muecín desde el minarete. Siempre que llama el muecín, cinco veces al día, se les recuerda a los musulmanes la oración. Uno se encuentra en medio del trabajo y, de pronto, llama alguien y nos recuerda que Dios es el más grande. Así que se deja a un lado el trabajo, se arrodilla, da lo mismo donde se encuentre, y reza a Alá y le da las gracias por sus buenas obras.

Mahatma Gandhi

Las personas se hacen mucho daño las unas a las otras. Gandhi enseñó a millones de personas que no pueden solucionar sus problemas por medio de la violencia. Esto es lo grandioso en Gandhi. Él creía en la enseñanza hindú del *ahimsa*, que significa no violencia. Quizá cueste creer en esta idea, pero es muy bonita.

El nombre completo de Gandhi era Mohandas Karamchand Gandhi. Con el honorífico título de Mahatma son distinguidas solamente personas muy sabias y desprendidas. Vivió de 1869 a 1948 y contribuyó más que nadie a que la India se convirtiera en un país libre. Esto lo consiguió defendiendo siempre la no violencia y no admitiendo la violencia en ninguna situación. Muchos han aprendido de Gandhi. Su discípulo americano más famoso fue Martin Luther King Jr.

Martin Luther King

Habría sido estupendo haber hablado en alguna ocasión con Isaías, o con Amós, Miqueas, Jeremías o Ezequiel. Los profetas del Antiguo Testamento fueron hombres y mujeres magníficos que escucharon cómo Dios les habló y anunciaron la palabra de Dios sin preocuparse de las consecuencias para ellos mismos. Las palabras que escucharon pedían a las personas que fueran justas y misericordiosas y humildad ante Dios. Decían: «Dejad fluir la justicia como el agua y la virtud como un arroyo inagotable». Esas palabras movieron montañas y conmovieron corazones. Hubiera sido bonito escuchar a los profetas, pero no hace mucho hubo también un hombre que hablaba exactamente como ellos. Hablaba con su fuerza y su pasión, con su amor y su valor y se llamaba Martin Luther King.

Martin Luther King contribuyó a que se derogaran las leyes que discriminaban a los negros en América y a que América fuese más justa con sus ideales. Fue, como su padre, pastor baptista. Amaba a Dios y a las personas, como debe hacerlo un pastor, pero también amaba la justicia y la libertad, como debe ser en un profeta. Él nos recordó a todos que la religión no sólo significa rezar e intercambiar regalos, sino hacer el mundo mejor: dar de comer a los hambrientos, vestir al desnudo y liberar a los presos. Todo el mundo sabe que la religión también tiene que ver con todo esto, pero, a veces, necesitamos a una persona como Martin Luther King para que nos haga ver de nuevo claramente que Dios quiere justicia. Una vez que hayamos conseguido la justicia, podremos encender tantas velas como queramos.

El Dalai Lama

Es tremendo no poder vivir en tu propio país, pero todavía es peor cuando no se puede consolar a nadie en el exilio. Para los seis millones de budistas tibetanos de todo el mundo, el Dalai Lama es toda su esperanza.

El Dalai Lama es una persona amable con un maravilloso sentido del humor para un Buda. Los budistas tibetanos creen que él es la decimocuarta reencarnación del primer Dalai Lama, que vivió aproximadamente hace 600 años. Nació en 1935 en Tenzi Gyatso, pero ya cuando tenía cinco años de edad, la gente sabía que era el nuevo Dalai Lama. Cuando los comunistas chinos conquistaron el Tibet en 1950, él todavía se quedó nueve años en su país. Actualmente vive en la India y viaja por todo el mundo para darle esperanzas a su pueblo.

Sería suficiente su valor y esperanza para querer a esta amable persona. Sin embargo, lo más especial en él es que infunde esperanza a casi todo aquel que se encuentra con él. Es abierto con las otras religiones del mundo y se alegra siempre de conocer a otras personas. Nosotros hemos aprendido de él que la pregunta más importante *no* es qué diferencias hay entre nosotros, sino qué cosas compartimos. Mucha gente en occidente conoce o valora el budismo solamente porque conocen al Dalai Lama. Y, según nuestra opinión, ése es un motivo muy bueno.

Madre Teresa

De vez en cuando, tenemos que acordarnos de lo mucho que una sola persona puede conseguir. Una de esas personas es la madre Teresa. Creció en Albania y se hizo monja, pero no quería darle la espalda al mundo. Por eso, se fue a la India, a los miserables barrios de Calcuta, donde la gente apenas si posee algo. Todos los días lava a los enfermos, da de comer a los niños huérfanos y sonríe y canta mientras lo hace. Ella es feliz porque ve la faz de Dios en el rostro de cada uno de los enfermos a los que ayuda. Algunas personas, que no están acostumbradas a santos vivientes, afirman: «No puede ser tan buena. Nadie es tan bueno».

Pero ella lo es y nos recuerda que una sola persona puede conseguir mucho en el mundo.

El Mesías

Es verdaderamente un trabajo duro hacer al mundo mejor y si se cree que nadie ayuda en esa labor, entonces resulta imposible. El Mesías personifica la idea, la creencia y la *esperanza* de que, alguna vez, todo estará bien. Visto así, la creencia en el Mesías es una de las cosas más hermosas de las religiones.

Pero la creencia en el Mesías también puede ser algo muy malo. El enfrentamiento sobre quién es el Mesías divide las religiones desde hace milenios. Desde entonces, los cristianos y los judíos discuten sobre el verdadero Mesías. También los musulmanes participan en este enfrentamiento. Tampoco ellos consideraban a Jesús como el Mesías, pero los que más se han enfrentado han sido los judíos y los cristianos porque vivieron muy cerca los unos de los otros. Lo absurdo de esto es que el enfrentamiento dura ya casi dos mil años. Ninguno ha ganado y ninguno ha cedido.

Cielo

Que la muerte no signifique el final es una de las cosas más hermosas que conocemos a través de la religión. Por cierto, esa idea es la única que enseñan *todas* las religiones del mundo.

Sabemos que nos espera algo después de la muerte o no nos espera nada. Sabemos que el cuerpo se convierte de nuevo en parte de la tierra y que el alma va al cielo. Está bien que solamente el alma vaya al cielo porque si también fuera allí el cuerpo, se estaría bastante apretados.

De todas formas, la creencia en el cielo es una cosa bonita porque hemos averiguado dos cuestiones para nuestra vida aquí en la tierra: La creencia en el cielo nos da la esperanza de que todo irá bien y nos ayuda a no tener ningún miedo a la muerte.

La creencia en el cielo nos da esperanzas de que todo irá bien porque nos recuerda que el amor de este mundo no termina en el otro mundo. Nos da la esperanza de que allí conseguiremos todo aquello que inútilmente hemos intentando aquí –eso no quiere decir que cada cual ordene su habitación, sino que todas las personas son amables y se ayudan unos a otros, si pueden. La creencia en el cielo nos da también la esperanza de que a todas las verdaderamente malas personas serán para siempre neutralizadas y que las personas que siempre han ayudado a otras serán ayudadas en el cielo para continuar haciéndolo.

La creencia en el cielo nos ayuda, en segundo lugar, a no tener miedo de la muerte. Hay dos clases de miedo. Miedo ante la propia muerte y miedo a la muerte de una persona a la que queremos mucho. Todos nos tenemos que morir un día. La idea de que llegará el día en que tengamos que abandonar el mundo, nos pone muy tristes, pero por lo menos vamos a otro mundo donde no hay ninguna muerte y ningún dolor. Además, nuestras almas en el cielo estarán juntas con las almas de todos nuestros familiares que murieron antes que nosotros. No estaremos ya nunca solos y siempre seremos amados. El cielo es el lugar donde, por fin, aprenderemos cómo se deletrea Dios.

Agradecimientos

En un libro de esta envergadura, en gran medida hemos dependido del sabio consejo de nuestros maestros, de nuestros amigos y de las personas que, como nosotros, se encuentran a la búsqueda de lo espiritual. Por ello, porque durante el nacimiento de este libro, compartieron espléndidamente su sabiduría con nosotros, les estamos especialmente agradecidos. No solamente la humildad nos lleva a admitir que los únicos responsables de los errores en este libro somos nosotros, sino que, sencillamente, corresponde a la verdad. Damos las gracias por su constante ayuda a Gil Meilander; Sri Chinmoy; a todos nuestros amigos del Centro Islámico de Long Island, sobre todo a Ghazi Khankan y a Faroque Khan; a George Weigel; a Diana Cutler; a Bob Lord, y a Gypsy da Silva.

Nuestro lector, David Reuther, fue nuestro profesor, y nuestra mano derecha la totalidad del equipo de dirección de Morrow Junior Books. No diremos con suficiente determinación las suficientes veces que toda la debilidad de la mano izquierda tiene que ver exclusivamente con nuestro propio fracaso.

Últimos títulos
publicados en esta colección